JN299401

*L'italiano delle email*

# Eメールの
# イタリア語

竹下 ルッジェリ・アンナ　堂浦 律子

白水社

装丁　　　　森デザイン室
本文デザイン　山崎 弓枝

## はじめに

　メールはいまや私たちの日常生活において、最も重要な伝達ツールになっています。それは日本とイタリアの間の通信でも同様で、現在では、手紙や電話に代わってメールでの交信が一般に普及しています。それゆえ、たとえばイタリア人の友人や知人がいる、留学を予定している、イタリアの会社と取引があるといった場合に、イタリア語でのメールの書き方を心得ておくと大いに役立ちます。

　この本では、まず「イタリア語メールの基本」として一般的なルールなどを示し、次に、さまざまな場面を想定し、相手と状況に応じたメールの見本を挙げています。〈近況報告〉〈誘う・招く〉〈感謝を伝える〉〈依頼・相談〉といった知人同士の日常的なやりとりから、〈企画の調整〉のように仕事に関わる複雑な場面まで、いろいろなシチュエーションに応じて作成された100以上のメールを、例文として盛り込んでいます。〈予約〉のメールの書き方は、電話での予約にも応用できます。〈留学・研修の準備〉の章は、留学や現地での就職を考えている人のために、すぐ役立つようつくられています。履歴書は、見本を参考に自分自身のものを作成しておくとよいでしょう。

　メールを書くうえでとくに難しいのが〈お見舞い・お悔やみ〉です。これらはメールでなく手紙にするべきだという考えもありますが、昨今は、メールでのメッセージも普及しているようです。相手を思いやり、寄り添うような内容の文面を適切な時期に送ることが大切です。〈慶び・お祝い〉のメールも、フォーマルなものでは決まった表現があるので、それを押さえておく必要があるでしょう。〈お詫び〉を述べる場面には、相手との信頼関係を左右するデリケートな状況も含まれます。誠意をいかに表現して伝えるか、例文を参考にしてください。

　メールの書き方を学ぶことは、語学力を高めるのにも非常に役立ちます。例文のなかで、親しい相手に宛てたメールには、そのまま覚えておけば会話でも使える表現が数多く含まれています。もちろん授業での作文やブログなどでも使うことができます。また、冒頭の「イタリア語メールの基本」にある「重要な表現とその用法」では、条件法や補語人称代名詞などの文法事項についての確認もできます。

　読者の皆さんが、この本を最大限に活用してイタリア語でのコミュニケーションを楽しみつつ、自らの世界を広げ、深めていかれることを願っています。

2012年2月　　竹下 ルッジェリ・アンナ
堂浦 律子

# 目　次

はじめに ……………………………………………………………… 3

## イタリア語メールの基本

イタリア語メールの基本ルール ……………………………………… 10
イタリア語メールの形式 ……………………………………………… 11
敬辞と結辞の組み合わせ ……………………………………………… 14
本文の書き方 …………………………………………………………… 15
パソコン、インターネット用語 ……………………………………… 28

## イタリア語メールの実例

この章の使い方 ………………………………………………………… 30

### 1. 近況を尋ねる・報告する …………………………………………… 31
　1　久しぶりだけど、元気？ ………………………………………… 32
　2　メールありがとう ………………………………………………… 33
　3　ご無沙汰しています ……………………………………………… 34
　4　私たちも元気です ………………………………………………… 35
　5　出張します ………………………………………………………… 36
　6　待っています ……………………………………………………… 37
　7　桜が満開です（写真添付） ……………………………………… 38
　8　ハノイに行ってきました（写真添付） ………………………… 39
　9　メールアドレスを変更しました ………………………………… 40
　10　レストランを開きました ………………………………………… 41
　ESPRESSIONI RELATIVE …………………………………………… 42

### 2. 誘う・招く …………………………………………………………… 43
　1　久しぶりに会おうよ ……………………………………………… 44
　2　OK、いつにする？ ……………………………………………… 45
　3　新居に遊びに来て！ ……………………………………………… 46

   4 お招きありがとう ................................................ 47
   5 残念ですが、うかがえません ................................ 48
   6 一緒に山形に来ませんか？ ................................. 49
   7 結婚披露パーティーにご出席ください ................. 50
   8 祇園祭にご一緒しませんか？ ............................. 51
   9 コンサートのお誘い ① ....................................... 52
  10 コンサートのお誘い ② ....................................... 53
  ESPRESSIONI RELATIVE ........................................... 54

## 3. 感謝の気持ちを伝える ........................................... 55
   1 プレゼント、ありがとう ...................................... 56
   2 喜んでもらえてうれしいです ............................... 57
   3 楽しかった、ありがとう ...................................... 58
   4 こちらこそ、ありがとう ...................................... 59
   5 イタリア語のチェック、ありがとう ..................... 60
   6 紹介してくれてありがとう ................................. 61
   7 滞在中はお世話になりました ............................. 62
   8 またいらしてください ........................................ 63
   9 ご協力ありがとうございました .......................... 64
  10 こちらこそお世話になりました .......................... 65
  ESPRESSIONI RELATIVE ........................................... 66

## 4. 詫びる ...................................................................... 67
   1 返信が遅くなってごめんなさい .......................... 68
   2 サーバーが不調でした。ごめんなさい ............... 69
   3 ごめん、明日の予定を延期させて ...................... 70
   4 締切に間に合わず申し訳ありません .................. 71
   5 Re: 締切に間に合わず申し訳ありません ............ 72
   6 欠席、申し訳ありません .................................... 73
   7 連絡できなくてごめんなさい ............................. 74
   8 返してもらえる？（催促のメール） ................... 75
   9 長い間借りていてごめんなさい .......................... 76
  10 心からお詫びします ........................................... 77
  ESPRESSIONI RELATIVE ........................................... 78

5. 依頼する・相談する ……79
  1　イタリア語のチェックをしてくれる？ ……80
  2　ホテルを紹介してくれる？ ……81
  3　サッカーの試合を一緒に見に行ってくれる？ ……82
  4　先方に電話で確認してくれる？ ……83
  5　友だちを案内してあげてくれる？ ……84
  6　大歓迎よ ……85
  7　イタリア人へのおみやげは何がいい？ ……86
  8　ご紹介いただけないでしょうか？ ……87
  9　本をご紹介いただけますか？ ……88
  10　研究会に参加させていただけますか？ ……89
  ESPRESSIONI RELATIVE ……90

6. 予定・企画を調整する ……91
  1　4人で会いましょう ……92
  2　日程は大丈夫です ……93
  3　空港近くだと都合がいいです ……94
  4　決定しました ……95
  5　会議の日程を調整します ……96
  6　再度調整します ……97
  7　セミナー講師についての相談 ……98
  8　セミナーへの招聘 ……99
  9　Re: セミナー講師についての相談 ……100
  10　セミナー講師のお願い ……101
    オリーブオイルセミナー企画書 ……102
  11　Re: セミナー講師のお願い ……104
  12　ご快諾ありがとうございます ……105
  13　レジュメなどが届きません ……106
  14　レジュメなどを再送します ……107
  15　夫を同伴してもいいでしょうか？ ……108
  16　Re: 夫を同伴してもいいでしょうか？ ……109
  17　資料を発送します ……110
  18　出迎えに行けません ……111

| | |
|---|---|
| 19　講演ありがとうございました | 112 |
| 20　こちらこそお世話になりました | 113 |
| ESPRESSIONI RELATIVE | 114 |

## 7. 留学・研修の準備をする　115

| | |
|---|---|
| 1　語学学校に追加情報を問い合わせる ① | 116 |
| 2　語学学校に追加情報を問い合わせる ② | 117 |
| 3　大学付属の語学学校の住宅紹介担当者に問い合わせ | 118 |
| 4　友人に紹介された下宿先の大家さんにあいさつ | 119 |
| 5　寮についての問い合わせ | 120 |
| 6　クラスのレベルが合わないので変更したい | 121 |
| 7　レストランでの修業を申し込む | 122 |
| 8　ガラス工芸の工房での修業を申し込む | 123 |
| 　　履歴書 | 124 |
| ESPRESSIONI RELATIVE | 126 |

## 8. 予約する・クレームする　127

| | |
|---|---|
| 1　ホテルの部屋についてお尋ねします | 128 |
| 2　ホテルを予約します | 129 |
| 3　予約をキャンセルする | 130 |
| 4　レストランの予約時間と人数を変更する | 131 |
| 5　未払いについてクレームする | 132 |
| 6　再度クレームする | 133 |
| 7　届いた商品の交換を希望する | 134 |
| 8　注文した商品が届かない | 135 |
| ESPRESSIONI RELATIVE | 136 |

## 9. 慶び・お祝いを伝える　137

| | |
|---|---|
| 1　楽しいクリスマス、よいお年を！ | 138 |
| 2　よいお年をお迎えください | 139 |
| 3　謹賀新年 | 140 |
| 4　穏やかな復活祭をお祈りいたします | 141 |
| 5　楽しい復活祭を！ | 142 |

|  |  |  |
|---|---|---|
| 6 | お誕生日おめでとう | 143 |
| 7 | 結婚おめでとう | 144 |
| 8 | お嬢様のご結婚おめでとうございます | 145 |
| 9 | 赤ちゃんのご誕生おめでとう | 146 |
| 10 | 赤ちゃんが生まれました | 147 |
| 11 | 合格おめでとう | 148 |
| 12 | 開業おめでとう | 149 |
|  | ESPRESSIONI RELATIVE | 150 |

## 10. 励まし・お見舞い・お悔やみを伝える … 151

|  |  |  |
|---|---|---|
| 1 | 試験がんばって | 152 |
| 2 | 元気を出して | 153 |
| 3 | インフルエンザ、おだいじに | 154 |
| 4 | お見舞いメールありがとう | 155 |
| 5 | お母さんが入院なさったと聞いたけど | 156 |
| 6 | 地震、大丈夫？ | 157 |
| 7 | 心配してくれてありがとう | 158 |
| 8 | テロがあったと聞いて心配しています | 159 |
| 9 | お姉さんのご冥福を心から祈ります | 160 |
| 10 | ご冥福をお祈り申しあげます | 161 |
|  | ESPRESSIONI RELATIVE | 162 |

## 11. ブログやサイトに書き込む … 163

|  |  |  |
|---|---|---|
| 1 | ファンレター ① | 164 |
| 2 | ファンレター ② | 165 |
| 3 | 本のレビューに書き込む | 166 |
| 4 | 商品の使い勝手についてコメントする | 167 |
|  | ESPRESSIONI RELATIVE | 168 |

| | |
|---|---|
| 尊称・肩書き（称号）の省略形 | 170 |
| この本で使った語句・表現 | 171 |
| Postfazione | 190 |

# イタリア語メールの基本

メールは相手との関係を考え、目的と内容に応じて明瞭に書くことが大切です。
親しい友だちとのやりとりから、フォーマルなメッセージ、事務的な連絡まで、イタリア語のメールには共通のルールがあります。
この章では、基本ルール、形式、敬辞と結辞の組み合わせ、論理的な展開のための表現や、よく使う表現を見ていきましょう。パソコン、インターネット用語のリストも参考にしてください。

## イタリア語メールの基本ルール ▼

　Eメールの正式なイタリア語名称は posta elettronica（電子郵便）ですが、ふつうは email と称されます。e の後にハイフンは入れず、1語として表記します。イタリア語名称から email は女性名詞とされますので、「君のメール」は la tua email となります。

　メールのやりとりに関する一般的なルールは、日本語のメールとほぼ同じです。とくにビジネス関係のメールは、簡潔な文章で、内容も明瞭であることが求められます。内容の分量に応じて適宜添付ファイルを使用することも、日本語のメールと同様です。添付ファイルや写真を送るときには、本文中にその旨を記し、受信する相手の状況を考えて、容量や送り方に注意しましょう。

　イタリア語のメールでは、手紙文化の伝統を取り入れている部分もありますが、書き出しのことばや結びのあいさつ、尊称や肩書（称号）などは、手紙で使用する表現や語に比べて、かなりシンプルです。尊称や肩書きには省略形があります。
　なお、肩書きの語については、小文字を用いるのが現在のルールとされています\*。しかし、実際のところは従来の習慣が残っていて、大文字を用いる人が多いのが現状です。本書では、実際にイタリア人にメールを送ることを想定し、一般に普及している習慣に従って、大文字を使用しています。

　本文では、親しい関係ではない人や目上の人に対しては、敬語を用います。主語は Lei、補語人称代名詞は La と Le、所有格は Suo(-a) です。いずれも大文字を用いるのが一般的とされていますが、相手との関係や状況によって小文字を使う場合もあります。複数の相手や組織に対しては voi を用います。これに関しても、相手や状況によって大文字と小文字を使い分けることもあります。
　一方、tu を用いる親しい相手に対するメールはかなり自由で、話しことばと同じような文体で書くこともできます。結辞などのバリエーションも豊富です。

　パソコンによる文章入力の際の è などのアクセント記号については、次のような方法で表記することができます。たとえば Windows の場合、Microsoft Outlook のツールバーの「挿入」の中に「記号と特殊文字」があり、その中から選ぶことができます\*\*。また、右下の言語バーにイタリア語を追加して、IT（イタリア語）のモードにして入力することもできます。なお、イタリア人のなかにも、アクセント記号をアポストロフィーで代用する人もいます。

　　＊イタリアで最も権威がある言語学学会クルスカ・アカデミーも小文字使用を推奨しています。
　＊＊Windows, Microsft Outlook は米国マイクロソフト社の米国およびその他の国における登録商標です。

## イタリア語メールの形式 ▼

メールの形式は、おおむね手紙の形式を受け継いでいますが、やや簡略化されています。件名の後、本文の冒頭に敬辞（呼びかけのことば）を置き、最後に結辞（結びのあいさつ）と署名を記します。

1. 親しい友人に近況を知らせる。Tu のヴァージョン。

---

① oggetto: Come va?

② Cara Leila,

③ è passato molto tempo dall'ultima volta che ci siamo sentite. Come stai?
Io ho trascorso un periodo piuttosto movimentato. Per prima cosa, sono stata trasferita in un nuovo ufficio e la quantità di lavoro è raddoppiata. Poi il mio ragazzo mi ha lasciato. Insomma, non ho fatto niente di particolare, ma è stato un brutto periodo. Ora, comunque, va meglio.

④ Un caro saluto.
⑤ Minako

---

件名：元気？
親愛なるレイラ、
久しぶり。この前連絡をとり合ってからしばらく経つけど、元気？
私は結構慌しく過ごしていました。まず、新しい部署に異動して、仕事が倍増しました。それから、彼にふられてしまいました。まあとくに何をしたということもなくて、ぱっとしない時期でした。けれど何とか今は持ち直しつつあります。
じゃあまた、元気でね。
美奈子

・・・・・・・・・・・・・・・・・・・・・・・・・・・・・・・・・・・・・・・・・・・・・・・・・

①件名：内容がひと目でわかる語や短文を用いる（すべてのメールに共通）。
②敬辞：親しい相手なら、Caro(-a) または Carissimo(-a) に名前を続ける。
③本文：親しい相手なら、とくに決まった形式はない。
④結辞：いろいろな種類がある（→ p.14）。親しさや状況によって使い分ける。返信を求める表現と組み合わせた形にすることもできる。
⑤署名：親しい人に対するメールなら、姓なしで名前だけでよい。

2. 仕事関係の知り合いにイタリア出張を知らせる。Lei のヴァージョン。

> oggetto: Viaggio in Italia
>
> ① Gentile Signor Sperandei,
>
> spero che Lei stia bene in salute e così anche la Sua famiglia. Desidero informarLa riguardo al mio prossimo viaggio di lavoro. Verrò in Italia per incontrare gli amministratori di alcune ditte farmaceutiche il 15 aprile e ci rimarrò per 10 giorni. Il mio arrivo è previsto per le ore 17:30 all'Aeroporto di Roma-Fiumicino, ma successivamente farò tappa a Grosseto, Firenze e Genova. Le comunicherò i dettagli del viaggio dopo il mio arrivo.
>
> ② Un cordiale saluto.
>
> ③ Satoru Ichikawa

件名：イタリア出張
スペランデイ様、
お元気でお過ごしのことと存じます。ご家族の皆さまもお変わりありませんか。さて、次回の出張が決まりましたのでお知らせいたします。4月15日にイタリアに入り、製薬会社数社の重役の方々にお目にかかります。滞在は10日間です。17時30分にローマ・フィウミチーノ空港に到着する予定ですが、続いてグロッセート、フィレンツェ、ジェノヴァを回ります。日程の詳細は、到着後にお知らせいたします。
よろしくお願い申しあげます。
市川悟

・・・・・・・・・・・・・・・・・・・・・・・・・・・・・・・・・・・・・・・・・・・・・・・・・・

①敬辞：Lei を用いる相手に対する敬辞はさまざまな形がある（→ p.14）。
　ふつう、［尊称＋肩書き（称号）＋姓］とする。一般的な尊称と肩書きについては以下のとおり。（　）内は省略形。
　男性：Gentile（Gent.）か Gentilissimo(Gent.mo) ＋ Signor(Sig.) ＋姓
　女性：Gentile（Gent.）か Gentilissima (Gent.ma) ＋ Signora(Sig.ra) ＋姓
②結辞：いろいろな種類がある（→ p.14）。
③署名：Lei を用いる相手に宛てるメールでは、フルネームを記す。

3. ある会社にカタログを請求する。企業宛ての事務的なメール。

> oggetto: Richiesta di catalogo
>
> ① Spettabile Ditta,
>
> ② guardando il Vs. sito Internet, sono rimasta favorevolmente impressionata dall'eleganza dei Vs. prodotti. Desidererei, quindi, ricevere all'indirizzo sotto segnato un Vs. catalogo per poterlo consultare ed effettuare eventuali ordinazioni. Mi interessano, in particolare, i cataloghi n. 17 e n. 18 pubblicati lo scorso anno.
>
> ③ RingraziandoVi anticipatamente, Vi invio i miei più cordiali saluti.
> Kumiko Yagi

件名：カタログ請求
拝啓
御社のサイトを見て、とてもおしゃれな商品だと思いました。そこで、カタログを以下の住所に送っていただき、気に入ったものがあれば注文したいと考えています。とくに、昨年発行の17号と18号をお願いしたいと思います。
よろしくお願いいたします。
敬具
八木久美子

··········································································

①**敬辞**：企業に対する尊称はSpettabile。省略形はSpett.またはSpett.le。上記メールの"Ditta"の位置に、宛先の会社名を入れることもよくある。

②**本文**：事務的なメールは、あいさつなどは省き、すぐ用件に入る。大文字のVoi, Viは、会社や学校などの組織に宛てたメールで正式な形として用いられる。所有格のVostroは、省略形のVs.がよく用いられる。

③**結辞**：ここでは「前もってお礼申しあげます」という表現によって、「よろしくお願いいたします」という意を表す。

## 敬辞と結辞の組み合わせ ▼

敬辞は呼びかけのことば、結辞は結びのあいさつです。相手との関係や親しさの度合いによって異なるので、注意を要します。

### 親しい相手（tu を用いる）
**敬辞 ▼**
〈Caro(-a) または Carissimo(-a) + 名前〉。とくに親しいなら Ciao を用いてもよい。
**結辞 ▼**
Un caro saluto.「親愛なるあいさつを（送ります）」
Un grosso bacio.「愛情たっぷりのキスを（送ります）」
Con affetto.「愛をこめて」
A presto.「ではまたね」
　　　　　　　　　　＊さまざまなバリエーションがある。メール例文を参照のこと。

### 目上の相手、あまり親しくない相手（Lei を用いる）
**敬辞 ▼**
「イタリア語メールの形式」2のメール（p.12）で挙げた〈Gentile Signor/Signora + 姓〉が一般的だが、肩書きによって尊称が変わる場合もある。尊称と肩書きの省略形は、p.170 の「尊称・肩書き（称号）の省略形」を参照のこと。
　　Gentile Professoressa Gervasi
　　Chiarissimo Professor Fulvio Mercalli　＊Chiarissimo：大学教授の尊称
　　Egregio Signor Borghini　＊Egregio：男性にのみ用いる
　　Ill.mo Presidente della DEF&Co.　＊Ill.mo：Illustrissimo の略
**結辞 ▼**
Un cordiale saluto.「敬意をこめたあいさつを（送ります）」
Le invio i miei più cordiali saluti.「私からの最大の敬意をお送りいたします」
La saluto cordialmente.「ごあいさつ申しあげます」
　＊訳は文意を表したもので、実際には「よろしくお願いします」などの意味でも用いられる。

### 組織（企業、学校など）に対して（敬辞は単数、本文は Voi を用いることが多い）
**敬辞 ▼**
Al Responsabile del reparto spedizioni（配送担当に宛てて）
Gentile Responsabile delle prenotazioni（予約担当に宛てて）
**結辞 ▼**
Vi saluto cordialmente.「敬意をこめたあいさつを（送ります）」

## 本文の書き方 ▼

### 意図や論旨を明確に伝える ▼

Eメールの本文は、意図や論旨を明確に伝えるために、順序立てて、わかりやすく書く必要があります。ここでは、メールでよく使われる表現をシチュエーションごとにまとめました。差出人や相手が男性か女性かによって語尾が変わる単語があるので、注意してください。

1) 相手からのメールや招待を喜び、お礼を述べたり、うれしさを表す。
2) 相手の様子を尋ねる。
3) 自分や自分の家族が元気であることを告げる。
4) 相手の返事や連絡を待つと告げる。
5) 自分の連絡先を知らせる。また他者の連絡先や参考になるサイトを教える。
6) 添付ファイルがあることを知らせる。
7) 自分のことをよく知らない相手に初めてメールを送る。
8) 「残念ですが、すみませんが」と前置きして通告や依頼をする。

1) 冒頭で「相手からのメールや招待を喜び、お礼を述べたり、うれしさを表す」表現

Grazie per l'email.
メールありがとう。(p.42, p.45)

Grazie per la tua affettuosa email.
メールありがとう。とてもうれしかったです。(p.33)

Grazie per la tua email e per esserti preoccupata della mia salute.
メールありがとう。そして体のことを心配してくれてありがとう。(p.155)

Grazie dell'invito.
お招きありがとう。(p.47)

La ringrazio molto per le informazioni che mi ha fornito.
詳細情報をお送りくださりありがとうございます。(p.129)

Che piacere avere tue notizie!
　　近況を知らせてくれてとてもうれしいです。(p.35)

Sono molto felice di sapere che Lei verrà presto in Italia.
　　近々イタリアにおいでになるとのこと、うれしく存じます。(p.37)

La ringrazio per avere risposto alla mia precedente email...
　　ご返事いただき、ありがとうございます。(p.118)

＊相手の親切や好意に感謝するさまざまな表現は、例文「3．感謝の気持ちをを伝える」(pp.56-66) に詳しく記載。「6．予定・企画を調整する」の✉19 (p.112)、✉20 (p.113) も参照のこと。

........................................................

2) 冒頭で「相手の様子を尋ねる」表現

Come stai? È da molto tempo che non ti scrivo. Scusami.
　　お元気ですか？　長い間ご無沙汰していてごめんなさい。(p.34)

Come stai? Mi auguro che il tuo soggiorno in Giappone proceda bene.
　　元気？　順調に日本滞在の日々を過ごしていることでしょう。(p.44, p.51)

Come stai? Ti sei inserita bene nell'ambiente di lavoro?
　　元気？　新しい職場には慣れた？　(p.32)

Spero che Lei stia bene in salute e così anche la Sua famiglia.
　　お元気でお過ごしのことと存じます。ご家族の皆さまもお変わりありませんか。(p.36)

Come va la vita?
　　調子はどう？ (p.82)

Scusami se non ti ho scritto prima. Come stai?
　　長い間ご無沙汰していてごめんなさい。元気にしてる？　(p.142)

........................................................

3)「自分や自分の家族は元気だ」と告げる表現

Io sto bene e spero anche tu.
　　　私は元気。あなたも元気そうね。(p.33)

Io sto bene, anche se sono un po' stanca perché ho sempre molto lavoro.
　　　私は元気です。いつも仕事が忙しくて、少し疲れ気味ではありますが。(p.34)

Noi stiamo tutti bene.
　　　うちもみんな元気です。(p.35)

Io sto bene, ma tu mi manchi molto.
　　　私は元気ですが、あなたがいなくてとても寂しいです。(p.38)

Io sto bene, ma sono sempre molto impegnata.
　　　私の方は元気だけどとても忙しいです。(p.49)

Io sono sempre indaffarata con il lavoro, ma...
　　　相変わらず私は仕事が忙しいんだけど…（p.142)

Scusa se ti ho fatto preoccupare, ma adesso sto molto meglio.
　　　心配をかけてごめんね。でももうだいぶん良くなりました。(p.155)

............................................................

4)「相手の返事や連絡を待つ」表現。文末に入れる。結辞と合わせた一文にする場合も多い。

Sono desiderosa di avere tue notizie.
　　　また近況を知らせてね。(p.32)

Scrivimi presto.
　　　また近況を知らせてくださいね。(p.34)　　また様子を知らせてね。(p.38)

In attesa di notizie più precise, Le invio i miei più cari saluti.
　　　ご連絡をお待ちしておりますので、どうぞよろしくお願いいたします。(p.37)

Scrivimi il giorno e l'ora in cui sei disponibile.
　　都合のいい日時を知らせてね。(p.44)

Pensaci e fammi sapere!
　　考えてみてね！ 返事を待っています。(p.49)

In attesa di una tua risposta, t'invio un caro saluto.
　　返事を待っています。(p.52)

Allora aspetto una tua risposta.
　　じゃあ返事を待ってる。(p.82)

In attesa della tua risposta, ti invio un grosso grazie.
　　では返事を待っています。(p.83)

RingraziandoLa anticipatamente, Le invio un cordiale saluto.
　　どうぞよろしくお願いいたします。(p.88)

Aspetto una vostra risposta. Un caro saluto.
　　返事を待っています。(p.92)

In attesa di una Sua gentile risposta, La saluto cordialmente.
　　ご回答よろしくお願い申しあげます。(p.104)

Nella speranza di ricevere Sue notizie al più presto, Le invio i miei più cordiali saluti.
　　できるだけ早くご連絡を賜りますようお願い申しあげます。(p.106)

Sperando in un Suo chiarimento, Le invio i miei più cordiali saluti.
　　事情をご説明くださるようお願い申しあげます。(p.132)

In attesa di buone notizie, ti auguro in bocca al lupo.
　　良い知らせを待っている。がんばれよ。(p.152)

In attesa di tue notizie, ti auguro una pronta guarigione.
　　具合が良くなったらメールで様子を知らせてね。待っています。どうかおだいじに。(p.154)

Dammi subito tue notizie.
 すぐにでも様子を知らせて。(p. 157)

Attendo urgentemente vostre notizie.
 一刻も早いお返事を待っています。(p. 162)

・・・・・・・・・・・・・・・・・・・・・・・・・・・・・・・・・・・・・・・・・・・・・・・・・・・・・・・・・・・・・・・・

5）自分の連絡先を知らせる。また他者の連絡先や参考になるサイトを教える表現。

Il mio nuovo indirizzo email è: xxx@xxx.xx
 新しいアドレスは以下のとおりです。xxx@xxx.xx (p. 40)

Si chiama "Shogun" e se cercate sul web shogun.jp, troverete il suo sito.
 「将軍」というところで、ネットのアドレス shogun.jp でサイトを見ることもできます。(p. 95)

Il sito Internet del mio ristorante è il seguente: http://..............................
 当店の URL は以下のとおりです。http://.................... (p. 41)

Per qualsiasi evenienza, il mio numero di cellulare è: 090XXXXXXX.
 何かあれば携帯に電話してください。番号は090XXXXXXX です。(p. 95)

Ti scrivo qui di seguito il suo recapito e il suo indirizzo email:
Via Treviso n.XX, 12039, Pavia; liv_gervasi@XXXXXXX.
 以下が先生のご住所とアドレスです。
 Via Treviso n.XX, 12039, Pavia; liv_gervasi@XXXXXXX (p. 100)

・・・・・・・・・・・・・・・・・・・・・・・・・・・・・・・・・・・・・・・・・・・・・・・・・・・・・・・・・・・・・・・・

6）添付ファイルがあることを知らせる表現

La foto che ti ho allegato ritrae l'hotel dove io e le mie amiche ci siamo fermate, il Sofitel Metropole Hotel.
 添付したのは、私たちが宿泊したソフィテル・メトロポール・ホテルです。(p. 39)

*19*

Allego una piantina per raggiungere casa nostra.
    地図を添付していますのでお越しになるときご利用ください。(p.46)

Ti allego all'email una foto che ho scattato l'altra sera...
    あの日撮った写真を添付しますね。(p.59)

Te lo allego a questa email con un file formato .doc creato con Word.
    ワードでつくったドキュメントのファイルをこのメールに添付して送ります。
    (p.80)

Le allego il file in versione Word contenente tutti i dettagli del programma.
    詳細を記した企画書を、ワードのファイルとして添付してお送りいたします。
    (p.101)

Con la presente email Le invio il testo della mia conferenza...
    このメールに添付して講義の原稿をお送りします。(p.110)

............................................................

7) 自分のことをよく知らない相手に初めてメールを送る際に使うさまざまな表現

Non so se si ricorda di me. Mi chiamo Tsubasa Nijima. Ci siamo incontrati in occasione della conferenza che...
    ご記憶にはないかもしれませんが、新島翼と申します。〜の講演会でお目にかかり… (p.87)

Mi chiamo Michika Sugiyama e sono una studentessa che ha partecipato alle Sue lezioni d'italiano, l'anno scorso.
    昨年、先生のイタリア語の授業を履修した学生の杉山美智香です。(p.88)

Mi scusi per questa email così improvvisa. Sono uno studente giapponese iscritto alla Facoltà di Letteratura della Sua università.
    突然メールをお送りする失礼をお許しください。私は、この大学の文学部に留学している日本人の学生です。(p.89)

Il mio caro amico Silvano Bonanno mi ha parlato di Lei, indicandoLa come la persona più adatta per la conferenza straordinaria...
　友人のシルヴァーノ・ボナンノ氏から先生のことをお聞きいたしました。特別講義の講師として、先生が最も適任であろうということでした。(p.101)

Sono venuta a conoscenza del Vostro hotel tramite il relativo sito web e...
　貴ホテルのサイトを拝見し…（p.128)

................................................................

8)「残念ですが／すみませんが」と前置きして通告や依頼をする表現

Mi dispiace molto, ma purtroppo non potrò partecipare...
　とても残念なのですが…、〜に行くことができません。(p.48)

Con molto dispiacere desidero farLe notare che...
　非常に遺憾に存じますが、…の旨をご通告したいと思います。(p.133)

Mi dispiace disturbarLa, ma...
　お手数ですが…（p.121)

Sono veramente desolato, ma...
　まことに申し訳ありませんが…（p.90)

Sono spiacente di avvertirLa che i prodotti da me ordinati direttamente sul vostro sito non mi sono ancora arrivati, sebbene l'operazione di pagamento tramite carta di credito sia stata già completata.
　御社のサイトから直接ある商品を注文したのですが、クレジットカードでの支払いがすでに完了しているにもかかわらず、商品はまだ届いていません。(p.135)

> 重要な表現とその用法 ▼

　ここでは、よく使う表現を、文法に着目して用法別にまとめています。パターンを使って、単語だけを換えて、自由に文をつくることもできます。

> お知らせします

informarvi（La, ti）＋ che ＋節 / di ＋名詞
　・Desidero *informarvi che* il mio indirizzo di posta elettronica è cambiato.（p.40）
　・Desidero *informarLa del* mio vivo interesse per...（p.122）
　＊ informare は名詞の前に **di** を用いる。

comunicarvi（La, ti）＋名詞 / che ＋節
　・Desidero *comunicarvi* il mio trasferimento a Kyoto, ...（p.41）
　・Desidero *comunicarvi che*, riguardo alla prenotazione di un tavolo... è sopravvenuto un cambiamento.（p.131）
　＊ comunicare は名詞の前に **di** は不要。

avvertirvi（La, ti）＋ di ＋名詞 / che ＋節
　・Desidero *avvertirvi* del cambiamento del mio indirizzo...（p.40）
　・Le scrivo per *avvertirLa che*, ... non ho ancora percepito il pagamento...（p.132）
　＊ avvertire は名詞の前に **di** を用いる。

> お願いします / 〜してくれる？

ti（La, Vi）prego di ＋動詞の原形
　・*Ti prego di* contattarmi.（p.32）
　・*La prego di* visionare il file allegato.（p.105）
　・*Vi prego di* avere pazienza.（p.119）
　＊ pregare は直接補語をとる。敬語の単数は La（ふつう文中でも大文字）、ti と Vi（場合によって文中でも大文字）も直接補語人称代名詞。

La（Vi）pregherei di ＋動詞の原形
　・*La pregherei di* cercarmi una famiglia ospitante...（p.126）
　・*Vi pregherei*, quindi, *di* fornirmi le seguenti delucidazioni.（p.128）
　＊ prego の代わりに条件法 pregherei を使うと、さらに丁重な感じになる。

vorrei chiederLe....
- *Vorrei chiederLe* se mi può.... (p.88)

ti (Le, vi) sarei grato, se potessi (potesse / poteste) ...
- *Ti sarei* molto *grato*, *se* me lo *potessi* correggere entro venerdì. (p.80)
- *Vi sarei* molto *grata se poteste* sostituirlo al vecchio indirizzo... (p.40)
 *仮定の節に接続法現在、主節に条件法現在を用い、「〜してくれるならありがたく思う」という丁寧な依頼を表す。
- *Le saremmo* molto *grati*, *se* ci *potesse* indicare un Tour... (p.108)
 *当方が複数なら saremmo。grato も語尾が複数になる。

potere, dovere の条件法現在
- Mi *potrebbe* avvertire? (p.88)
- Mi *potreste* anche scrivere che cosa vi piace... (p.92)
- Mi *dovresti* anche dare il suo indirizzo email... (p.85)

お願いがあります

chiederti un favore
- Vorrei *chiederti un favore*. (p.80)

una richiesta da farti
- Ho *una richiesta da farti*. (p.82)

〜を望んでいます / 〜を希望します

desidero ＋動詞の原形
- *Desidero* ringraziarti... (p.39)

vorrei / desidererei ＋動詞の原形
- *Vorrei* pertanto prenotare una camera singola... (p.129)
- *Desidererei* ricevere delle informazioni sulle camere. (p.128)

spero di ＋動詞の原形
- *Spero di* poter venire a vederti al Teatro alla Scala... (p.165)

spero che ＋接続法（または直説法未来）
- *Spero che* ti piaccia. (p.59)

・***Spero che*** verrete presto ad assaggiare i miei piatti, ... (p. 41)

mi auguro che ＋接続法
　・***Mi auguro che*** stiate tutti bene. (p. 34)

ti (Le, Vi) auguro ＋名詞／che ＋節 (接続法)
　・***Ti auguro*** un tranquillo e sereno fine settimana. (p. 60)
　・***Ti auguro che*** il progetto vada in porto. (p. 100)
　＊以下のような用法もある。
　・***Ti auguro*** in bocca al lupo. (p. 152)
　・***Ti auguro*** di guarire presto. (p. 162)

> ～できますか？

vorrei (desidererei) の文＋ È (Sarebbe) possibile?
　***Vorrei*** partecipare al prossimo convegno... ***Sarebbe possibile?*** (p. 89)

se è possibile または se posso を用いて
　Desidero chiederVi ***se è possibile*** scegliere... (p. 116)
　Vorrei chiedere a Voi ***se posso*** iscrivermi... (p. 117)

potrei (potere の条件法現在) を用いて
　***Potrei*** sostituirlo con...? (p. 117)

> お久しぶりです／ご無沙汰しています

non ci vediamo da molto tempo
　***Non ci vediamo da molto tempo...*** (p. 44)

その他
　È proprio da tanto che non ci vediamo. ( p. 94)
　È da molto tempo che non ti scrivo... (p. 42)
　＊現在形を使うことに注意。その他、「長い間～していない」という意味で、以下のような表現もある。
　È proprio da un pezzo che non li sentiamo... (p. 47)
　Lo so che è da un secolo che non mi faccio sentire. (p. 50)

> ～しない？ / ～するのはどうですか？

che ne dici（diresti）di ＋ 動詞の原形？
　*Che ne diresti di* andare insieme...（p.44）
　＊Che ne dici? は単独で用いることも多い。（p.45, p.51）

potremmo（potere の条件法現在）を用いて
　Poi *potremmo* cenare insieme in un ristorante italiano.（p.44）

その他
　Perché non vieni in Italia con la tua famiglia?（p.35）
　Vuoi venire con me al concerto?（p.52）

> うれしいです / ～できると幸いです

sono felice（contento）di ＋ 動詞の原形
　*Sono* molto *felice di* sapere che Lei verrà presto in Italia.（p.37）
　＊現在のことや確定している未来のことについてうれしさを表す表現。
　＊その他、Sono veramente contenta per te.（p.150）

sarei / sarò  felice di ＋ 動詞の原形
　*Sarei* molto *felice di* invitare quella professoressa...（p.98）
　*Sarò felice di* partecipare con la mia famiglia.（p.54）
　＊確定的でないことや今後のことについて「そうなればうれしい」という意を表す。
　＊その他、「～してくださると」の意味で〈se＋接続法現在〉を使う表現もある。
　*Sarei* molto *felice* e onorato se Lei potesse accettare il mio invito.（p.101）

sono felice（contento）＋ che ＋ 節（接続法）
　*Sono contenta che* ti sia piaciuto il CD.（p.57）
　＊過去のことについてうれしさを表す。che の節の動詞は接続法を用いる。

> 残念です / 申し訳ありません

sono desolato ＋ di ＋動詞の原形 / che ＋節（接続法）
　*Sono* veramente *desolata che*... e... combacino.（p.73）

sono spiacente ＋ di ＋動詞の原形など
　*Sono spiacente di* comunicarLe un piccolo cambiamento...（p.111）

mi dispiace (di) ＋動詞の原形
*Mi dispiace* molto non poter partecipare alla vostra festa, ... (p. 48)
*Mi dispiace di* non essere potuta venire a trovarvi... (p. 141)

~してよ／〜してください（命令形を使って）

近況・連絡を乞う：dammi tue notizie ／fammi sapere ／mi comunichi ／
　　　　　　　　　mi avverta
*Dammi* subito *tue notizie* e *fammi sapere* come stai. Mi raccomando! (p. 159)

~する（身体をいたわる／心を休めるなど）ように言う：cerca di ~
*Cerca*, però, *di* non stancarti troppo. (p. 156)

遠慮しないで

senza farsi scrupoli を用いて
　Se c'è, quindi, qualcosa che vorresti ricevere, comunicamelo *senza farti scrupoli*. (p. 56)

a Sua (tua) disposizione を用いて
　Sarò *a tua* completa *disposizione*. (p. 160)

~できるといいのですが

mi farebbe piacere ＋動詞の原形
*Mi farebbe* molto *piacere* venire a Milano per vederLa. (p. 36)
　＊願望の丁寧な表現。

mi piacerebbe ＋動詞の原形
*Mi piacerebbe* ricambiare il tuo gesto affettuoso... (p. 56)
　＊条件法を用いることにより、「希望しているが実際は希望どおりでない」ことを暗に示す
　　表現となる。次の表現も同様。

sarei felice di ~ ／ desidererei ／ vorrei の文＋ ma など
*Sarei felice di* venire a vedere la tua mostra, *ma*... (p. 54)
Io *desidererei* iscrivermi al Vs. programma standard, *ma*... (p. 117)
*Vorrei* infatti parlare il più possibile in italiano mentre, *purtroppo*, ... (p. 118)

> (誰々) からもよろしくと言っています

da parte di ＋ (誰々)　を用いて
　Un caro saluto anche *da parte di* Yuji. (p. 58)
　Un abbraccio anche *da parte di* mio marito Luigi. (p. 63)

a nome di ＋ (誰々)　を用いて
　Desidero ringraziarLa, *a nome di* tutto lo staff, per... (p. 64)

> (誰々) によろしく

salutare を用いて
　La prego di *salutarmi* Suo marito. (p. 112)
　*Salutami* tanto tua madre e augurale da parte mia una pronta guarigione. (p. 156)
　＊salutare は「誰々に」の部分に直接補語をとる。Suo marito、tua madre の前に前置詞 a がつかないことに注意。

mandare（＋ saluti）を用いて
　*Mando* a Lei e al Suo staff i miei più cordiali *saluti*. (p. 65)

その他
　La prego di augurare loro da parte mia tanta felicità e armonia. (p. 145)
　Le auguri da parte mia una pronta guarigione. (p. 162)
　＊ともに、da parte mia を用いて自分の気持ちを伝えてくれるよう頼む表現。

> 〜を楽しみにしつつ / 〜を望みつつ

　＊いずれも結辞（Le invio i miei più cari saluti など）が後続する。
In attesa di 〜
　*In attesa di* una tua（Sua / Vostra）risposta, ... (p. 52)
　＊una の代わりに定冠詞を用いて della とする場合もある。(p. 83)

sperando ＋ di ＋動詞の原形 / in ＋名詞
　*Sperando di* rivedervi presto, .... (p. 62)
　*Sperando in* una Sua risposta affermativa, ... (p. 121)

nella（con la）speranza di ＋動詞の原形
　*Nella speranza di* rincontrarLa nuovamente, ... (p. 112)
　*Con la speranza di* conoscerLa presto, ... (p. 101)

## パソコン、インターネット用語 ▼

informatica　情報技術
computer portatile　ノートパソコン
tastiera　キーボード
mouse　マウス
software, programma　ソフトウェア
provider　プロバイダー
accesso　アクセス
sito (web)　ウェブサイト
cursore　カーソル
icona　アイコン
indirizzo email, indirizzo di posta elettronica　Eメールアドレス
chiocciola　アットマーク
punto　ドット
faccine, emoticon　顔文字
spegnere (arrestare il sistema)　終了する（シャットダウンする）
installare　インストールする
salvare　保存する
cliccare　クリックする
scaricare　ダウンロードする
cercare　検索する
copiare　コピーする
inviare　送付する、送信する
riavviare　再起動する
tagliare　カットする
fare un back up, fare una copia di sicurezza　バックアップする
navigare　ネットサーフィンする

personal computer　パソコン
computer da tavolo　デスクトップパソコン
schermo　ディスプレイ
stampante　プリンター
Internet　インターネット
server　サーバー
sito, homepage　ホームページ
navigazione　閲覧、ネットサーフィン
barra delle applicazioni　タスクバー
email, posta elettronica　Eメール
barra, slash　スラッシュ
file allegato　添付ファイル
avviare　起動する
redigere, elaborare　作成する
cancellare　消去する
fare (un) doppio click　ダブルクリックする
collegarsi, linkare　リンクする
allegare　添付する
copia e incolla　コピーアンドペースト
ricevere　受信する、受け取る
eliminare　削除する
hardware　ハードウェア

―――― イタリア語メールの顔文字 ――――

顔文字を使う場合は、日本語のメールと同様に相手と状況を考慮しましょう。
:-)　Essere felici: "Sono contento"　（幸せ）「うれしい、満足」
:-(　Tristezza: "Non sono contento"　（悲しい）「不満、うれしくない」
:-o　Stupore: "Ohh!", " Dici sul serio?!", "Che strano!"　（啞然）「ほんと!?」
:-D　Allegria, risata: "Ahahah!"　（上機嫌、笑）「アハハ！」

# イタリア語メールの実例

さまざまなメールの実例を場面や目的ごとに見ていきましょう。ごく親しい友だち、毎日顔を合わせる同僚、親しいけれどもあらたまった文面にしたい知人、目上の人、面識のない人、事務的な連絡など、相手との関係や状況にふさわしい文面にする必要があります。自分の意図を的確に伝えるための論理的な展開も重要です。例文を参考にして、自分のメールを組み立ててみましょう。

## この章の使い方

さまざまなシチュエーションに応じて、全部で11の章に分かれています。章ごとに、親しみをこめた友だち同士や少し距離感のある丁寧なスタイル、事務的なやりとりなど、異なった人間関係を前提とする多様な例を示しました。

各ページのはじめに「どんな状況で発信されるものか」を解説し、メールの実例・訳文、✉ NOTA　⟲ VARIANTE または ⟲ VARIANTI を載せています。

また、「美奈子の発信したメールに Leila が返信」や「Elena と Lucio の誘いに雅之と千絵子は承諾の返事 / Teresa は断りの返事」「太田さんが Silvano に企画を相談、Silvano に紹介してもらった Gervasi 先生と計画を実現」というように、複数のメールのやりとりを順を追ってみることもできます。どのメールへの返信であるかが ↵✉ で示されています。

自分がメールを出す状況・目的や相手との関係を考え合わせて、参考になる例文を見つけてください。また、やりとりをどのように展開していくか、その道筋を想像してみてください。

訳文では、敬辞と署名は省略しています。メールの雰囲気を伝えるため、意訳している部分や、話し言葉がそのまま出ているところがあります。

### ✉ NOTA

よく使われる慣用表現、注意すべき文法事項、同じ意味で使われる文例などを紹介しています。

### ⟲ VARIANTE　⟲ VARIANTI

同じような状況で応用できる文例を紹介しています。

### ESPRESSIONI RELATIVE ✉

各章の最後のページにあります。各ページからさらに発展して応用できる文例のバリエーションを載せてあります。

# 1

## 近況を尋ねる・報告する

友だちや知人と近況を伝え合う文例を見ていきましょう。相手がごく親しい友だちの場合と、ややフォーマルな関係の場合では、メールのスタイルが異なります。写真を添付する際の表現も学びましょう。近況を伝えたあとで、「久しぶりに会いましょう」ということになったら、「2. 誘う・招く」の章を参照してください。メールアドレスの変更や転居通知など、同報送信で送る例も紹介します。

# 1 久しぶりだけど、元気？

イタリアに住む友だちに近況を尋ねるメールです。「日本に来るようなら連絡してね」というメッセージを入れます。

---

oggetto : Come va?

Cara Leila,

è passato molto tempo dall'ultima volta che ci siamo sentite[1]. Come stai? Ti sei inserita bene nell'ambiente di lavoro[2]?
Sei poi riuscita a preparare il sushi come ti avevo insegnato io? Io ho cucinato le melanzane alla parmigiana seguendo la tua ricetta e sono venute molto bene. Ma quelle che fai tu rimangono sempre le più buone.
Sono desiderosa di[3] avere tue notizie[4] e se quest'estate verrai in Giappone ti prego di contattarmi[5], così cercheremo di incontrarci.

Un caro saluto.
Minako

---

件名：元気？
久しぶり。この前連絡をとり合ってからしばらく経つけど、元気？ 新しい職場には慣れた？
私が教えたやり方でお寿司を作ってみた？ うまくできたかしら。私はあなたに教えてもらったなすのパルメザンチーズ焼きを作って、とてもうまくできました。でもあなたが作るのがやっぱりいちばんおいしいのよね。また近況を知らせてね。この夏日本に来るなら連絡して。ぜひ会いましょう。

## NOTA

1. **dall'ultima volta che 〜**：「〜した最後のときから」。ci siamo sentite は相互的再帰動詞の近過去。
2. inserirsi「溶け込む」。inserirsi nell'ambiente di lavoro は「職場環境に適応する」
3. **essere desideroso di 〜**：「〜を望んでいる」。〜が動詞の場合は原形を用いる。
4. avere tue notizie：notizie は「近況」。複数形を用い、冠詞などはつけない。
5. contattare「連絡する」は他動詞。mi は直接補語であることに注意。

# 2 メールありがとう   ↰✉1 (p.32)

✉1への返事。こちらの近況を知らせ、再会を願う気持ちを伝えます。

---

oggetto : Grazie per l'email

Cara Minako,

grazie per la tua affettuosa email. Io sto bene e spero anche tu[1]. Purtroppo non sono riuscita a preparare un buon sushi, anche se ho seguito la tua ricetta. Anzi, a essere sincera, è venuto decisamente male!
Nell'ambiente di lavoro mi sono inserita alla grande e ho potuto fare tante amicizie. I miei colleghi, infatti, sono tutti molto simpatici. Esco spesso con loro la sera per andare al ristorante o in discoteca.
Quest'estate non potrò venire in Giappone, ma ci riuscirò sicuramente in autunno. Appena arrivo mi faccio viva[2].

Allora a presto.
Tua[3] Leila

---

件名：メールありがとう
メールありがとう。とてもうれしかったです。私は元気。あなたも元気そうね。
あなたに教えてもらったとおりにお寿司を作ってみたんだけど、残念ながらうまくできなかったの。はっきり言って、最悪の出来でした！
さて、職場にはすっかり慣れて、友だちもたくさんできました。同僚はみんな本当にいい人たちです。夜には一緒に食事に行ったりクラブに踊りに出かけたりしています。
この夏は日本に行けないんだけど、秋にはきっと行けると思います。着いたらすぐにでも会いに行くね。

## 📝 NOTA

1. **spero anche tu**：前の io sto bene に続き、「あなたもそうであるよう望む」
2. **mi faccio viva**：原形は farsi vivo で「連絡・便りをする」「寄る」。vivo は主語によって -a, -i, -e と変化。
3. 特に親しい相手へのメールの署名につける場合がある。男性なら tuo。

## 3 ご無沙汰しています

家族ぐるみでお付き合いのある相手に出すメールです。家族を代表する形でこちらの近況を伝え、先方の様子を尋ねます。

oggetto: Come stai?

Cara Maria,

come stai? È da molto tempo che non ti scrivo[1]. Scusami.
Io sto bene, anche se sono un po' stanca perché ho sempre molto lavoro. Mio marito ha avuto un trasferimento e adesso è più impegnato di prima. A casa lo vediamo poco, anzi mi sembra quasi che passi più tempo in ufficio che con noi. I bambini stanno bene e sono sempre i soliti monelli. Ne combinano sempre una. Nana, la più piccola, per ora va pazza per il balletto e si sta esercitando per la recita della scuola, dove si esibirà sabato prossimo. Speriamo bene! E la tua famiglia? Mi auguro che stiate tutti bene[2]. Spero anche che la tua attività lavorativa proceda nel modo da te auspicato.
Scrivimi presto.

Un caro saluto.
Takako

件名：お元気ですか？
長い間ご無沙汰していてごめんなさい。
私は元気です。いつも仕事が忙しくて、少し疲れ気味ではありますが。夫は部署の異動があり、前より忙しくなってしまいました。家にいる時間がほとんどなく、家族といるより会社にいる方が長いぐらい。子供たちも元気。相変わらずにぎやかで、いつも何かやらかしています。末っ子の奈々は今ダンスに夢中で、今度の土曜日に学校で発表会があるので練習に励んでいます。がんばってほしいです。
ご家族の皆さんはお元気？ お変わりないですか？ あなたのお仕事もきっと順調に進んでいることでしょう。また近況を知らせてくださいね。

### NOTA

1. 「あなたに長い間手紙を書いていません」。現在形を使うことに注意。
2. 原形は **augurarsi che** 〜。「〜であるよう望む」。che の節の動詞は接続法。

# 4 私たちも元気です

✉3 (p.34)

✉3に対する返事です。

---

**oggetto :** Stiamo tutti bene, grazie.

Carissima Takako,

che piacere avere tue notizie! Noi stiamo tutti bene. Il mio secondogenito[1], Fabio, ha avuto gli orecchioni la settimana scorsa, ma adesso, per fortuna, è guarito completamente. Durante le vacanze di Pasqua, abbiamo passato una divertente settimana bianca[2] a Courmayer. Il piccolo Luca ha messo per la prima volta gli sci, cadendo innumerevoli volte, mentre Mauro, il più grande, ha fatto progressi.
Perché non vieni in Italia con la tua famiglia? Naturalmente sareste nostri ospiti nella casa di Milano, ma potremmo anche organizzare una gita e fermarci un fine settimana nel nostro chalet in montagna. Pensaci.

Intanto ti mando un forte abbraccio.
Maria

---

件名：みんな元気です。ありがとう。
近況を知らせてくれてとてもうれしいです。うちもみんな元気です。真ん中のファビオは先週おたふくかぜだったのですが、今はおかげさまですっかり良くなりました。復活祭の休暇には、家族でクールマイヨールにスキー旅行に行きました。末っ子のルーカはスキーが初めてで何度も転んでいましたが、いちばん上のマウロは上達してきました。
ところでご家族皆さんでイタリアに来られる機会はないかしら？ もちろんそのときはミラノのわが家に泊まってくださいね。週末は小旅行に出かけてうちの山荘で過ごしてもいいでしょう。考えてみてね。

## NOTA

1. secondogenito「第二子の男の子」。イタリアでは「長男」「長女」という性別の概念がなく「第一子」「第二子」という。したがってsecondogenitoは次男とは限らず、長女の女の子（primogenita）の次に生まれた男の子（長男）の場合もある。
2. settimana bianca「スキー休暇」。スキーをするために山で過ごす一週間のこと。

## 5 出張します

イタリアへの出張が決まりました。詳しい日程は未定ですが、とりあえず現地で会いたい旨を伝える文面です。

---

oggetto: Viaggio in Italia

Gentile Signor Sperandei,

spero che Lei stia bene in salute e così anche la Sua famiglia. Verso la metà del mese prossimo, verrò in Italia per due settimane per motivi di lavoro. Sarò in viaggio con alcuni colleghi, ma penso di poter essere libero il fine settimana.
Mi farebbe molto piacere[1] venire a Milano per vederLa, lasciando a Lei la scelta del luogo in cui incontrarci. Non conosco ancora la Sua città, quindi qualsiasi posto sarebbe per me una gradita novità.
Naturalmente non appena avrò notizie più precise riguardo al mio viaggio[2], La informerò subito.

Un cordiale saluto.
Satoru Ichikawa

---

件名:イタリア出張
お元気でお過ごしのことと存じます。ご家族の皆さまもお変わりありませんか。さて、来月半ばに仕事で二週間ほどイタリアに参ります。同僚と一緒なのですが、週末には自由な時間があると思います。ミラノでお目にかかれるとうれしいですがいかがでしょうか。お会いする場所はお任せいたします。ミラノはまだ知らないので、どこであっても初めての場所で楽しい驚きがあるかと思います。
出張の詳細が決まり次第、またメールをお送りいたします。

### NOTA
1. **mi farebbe molto piacere 〜**:「〜できるとうれしく思いますが」。条件法を用いることにより、相手の都合や意向も考慮していることが伝えられる。
2. **riguardo a 〜**:「〜に関して」

## 6 待っています

✉5 (p.36)

✉5に対する返事です。再会を楽しみにしている気持ちを伝えます。

---

oggetto : Re: Viaggio in Italia

Gent.mo Sig. Ichikawa,

sono molto felice di sapere che Lei verrà presto in Italia. Sarò senz'altro a Milano a metà del mese prossimo. È una favorevole coincidenza, poiché dal 2 all'8 dovrò recarmi in Cina per visitare una delle nostre filiali, ma verso la metà del mese sarò di ritorno a Milano. Mi sarebbe proprio dispiaciuto non poterLa incontrare[1].
Mi comunichi al più presto i particolari del Suo viaggio[2], per organizzare per tempo l'incontro.
In attesa di notizie più precise[3], Le invio i miei più cari saluti.

Svevo Sperandei

---

件名:Re:イタリア出張
近々イタリアにおいでになるとのこと、うれしく存じます。来月半ばには間違いなくミラノにおります。ちょうど良いタイミングですね。というのは、2日から8日まで中国にある弊社の支店に行く予定なのです。でも半ば頃にはミラノに帰ってきています。行き違いなら残念な思いをしていたところでしたが、本当によかったです。ご出張の詳細をできるだけ早くお知らせください。お目にかかれるように準備をしたいと思います。ご連絡をお待ちしておりますので、どうぞよろしくお願いいたします。

### 📝 NOTA

1. 時制は条件法過去。「もし中国への出張中だったら」という仮定の節が省略されて、帰結の節が単独で用いられている。「あなたにお会いできないことを、本当に残念に思ったことでしょう」
2. comunichiはcomunicare「知らせる」の丁寧な命令形。al più presto「できるだけ早く」
3. notizie「(イタリア出張に関する)詳細な情報」

# 7 桜が満開です（写真添付）

写真とともに近況を伝えるメールです。

---

oggetto : Ciliegi in fiore

Caro Fulvio,

coma stai? Io sto bene, ma tu mi manchi[1] molto.
Per ora a Tokyo i ciliegi sono in fiore ed è bello passeggiare per le strade che gli alberi tingono di rosa. Quando soffia un po' di vento, poi, nuvolette di petali cadono svolazzanti e si posano leggere sopra le teste dei passanti. Mi ricordo spesso di[2] quando camminavamo insieme nei viali fioriti dell'università. E da te come va? Sono fiorite le azalee nel tuo giardino?

Scrivimi presto. Un grosso bacio.
Mieko

---

件名：桜が満開です
元気？　私は元気ですが、あなたがいなくてとても寂しいです。
東京は今、桜が満開で、ピンクに彩られた桜並木を散歩するのはとてもすてきです。少し風が吹くと花吹雪がひらひらと降ってきて、歩いている人たちの上に舞い落ちるのです。大学構内の桜が咲いた道を一緒に歩いたときのことを、よく思い出しては懐かしんでいます。
あなたの所はどう？　庭のアザレアの花は咲いたのかしら。
また様子を知らせてね。

### NOTA

1. **mi manchi**「あなたがいなくて寂しい」。mancare は「（主語の人）がいなくて（間接補語の人にとって）寂しい」という動詞。
2. **mi ricordo di** ～：「～を思い出す」。ricordarsi は文脈によっては「覚えておく、覚えている」の意味にもなる。

## 8 ハノイに行ってきました（写真添付）

7と同様に写真を添付する文例ですが、旅先から帰ってからのメールですので、過去形の文面になります。

---

oggetto : Viaggio a Hanoi

Cara Franca,

sono rientrata ieri dal mio viaggio in Vietnam. Hanoi è una città splendida, proprio come mi avevi detto tu. L'area che comprende i palazzi del periodo della colonizzazione francese e le sue zone verdi è splendida. Ma anche le piccole strade piene di negozietti mi sono piaciute immensamente. La sera facevo sempre delle rilassanti passeggiate intorno al lago Ho Hoan Kiem. La foto che ti ho allegato[1] ritrae l'hotel dove io e le mie amiche ci siamo fermate, il Sofitel Metropole Hotel. Ho provato a mangiare l'insalata di pollo e fiori di banana che mi avevi consigliato tu. Era veramente ottima. Desidero ringraziarti[2] nuovamente per i tuoi preziosi consigli, che sono stati essenziali per la buona riuscita di questo viaggio.

Un caro saluto.
Namiko

---

件名：ハノイ旅行
昨日、ヴェトナムから帰国しました。あなたがおっしゃっていたように、ハノイはすばらしい町でした。フランス統治時代の建築物と木々の緑が美しいエリアがあるかと思えば、さまざまな店が雑多にひしめく細い路地があったりして、わくわくしました。夕方、ホアンキエム湖の周りを散歩したのですが、とても気持ちよかったです。添付したのは、私たちが宿泊したソフィテル・メトロポール・ホテルです。あなたが勧めてくださったバナナの花と鶏肉のサラダも食べてきましたよ。やみつきになる味ですね。おかげさまで、とてもいい旅でした。いろいろとアドバイスしてくださり、ありがとう。

### NOTA
1. allegare「（メールにファイルや写真を）添付する」。もとの意味は「同封する」
2. 敬語の場合は ringraziarLa。ringraziare は直接補語をとるので Le ではない。

## 9 メールアドレスを変更しました

メールアドレス変更を知らせる文面です。仕事上で付き合いのある人に、BCC で同報送信しています。

---

oggetto : Nuovo indirizzo email

Cari amici e colleghi,

desidero informarvi[1] che il mio indirizzo di posta elettronica è cambiato. Il mio nuovo indirizzo email è:
xxx@xxx.xx

Vi sarei molto grata se poteste sostituirlo[2] al vecchio indirizzo, dato che questo da ieri non è più utilizzabile.

Grazie.
Minami Fujita

---

メールアドレスを変更しましたのでお知らせいたします。新しいアドレスは以下のとおりです。
xxx@xxx.xx
前のアドレスは昨日から使えなくなっていますので、お手数ですが、登録の変更をお願いいたします。

### NOTA
1. 相手が単数で敬語なら informarLa。informare は直接補語をとるので Le ではない。
2. **vi sarei molto grata se poteste ～**：「あなた方が～してくださるなら、ありがたく思います」という意味を持つ丁寧な依頼の表現。～の部分は動詞の原形で、ここでは sostituire「変更する」に lo の付いた形。差出人が男性なら grato。

### VARIANTE
Desidero avvertirvi del cambiamento del mio indirizzo, a causa di un trasferimento per motivi di lavoro. Il mio nuovo recapito è: ............... Nella speranza di avervi presto ospiti nella mia nuova casa, vi mando un caloroso saluto.
　このたび仕事の関係で転居いたしました。新しい住所は以下のとおりです。機会があればぜひお立ち寄りいただきたく存じます。今後ともよろしくお願い申しあげます。

# 10 レストランを開きました

イタリアンレストランを開店したことを BCC で知らせるメール。これまでお世話になったお礼と新しい住所、お店に関する情報を伝えます。

---

oggetto : Trasferimento e apertura del nuovo ristorante

Cari amici,
desidero comunicarvi il mio trasferimento a Kyoto, città nella quale ho inaugurato il mio nuovo ristorante italiano. Desidero ringraziare tutti voi[1], che mi avete sempre aiutato e sostenuto durante questi anni di faticoso ma indispensabile tirocinio. Anche grazie a voi[2] sono finalmente riuscito a realizzare il mio grande sogno di aprire un ristorante tutto mio.
Spero che verrete presto ad assaggiare i miei piatti[3], tutti molto originali e per i quali utilizzo solo alimenti freschissimi, tipici della zona di Kyoto. Il sito Internet del mio ristorante è il seguente:
http://...............................

Augurandomi di vedervi presto, v'invio i miei più cari saluti.
Michio Kaneko

---

件名:転居およびレストラン開店のお知らせ
このたび京都に居を移し、新たにイタリアンレストランを開店することになりましたので、お知らせ申しあげます。皆さまには修業時代たいへんお世話になりました。厳しい日々でしたが、何ものにも代え難い貴重な数年間です。皆さまに支えていただいたおかげで、かねてからの夢が今こうして実現し、自分の店を持つに至りました。京都特産の新鮮な食材を使ったオリジナル料理の数々をご賞味いただける機会が早く訪れるよう、心より願っております。当店の URL は以下のとおりです。
http://...............................
お目にかかれるときを心待ちにしております。

### NOTA
1. ringraziare「〜に感謝する」は直接補語をとる。tutti voi の前に a はつかない。
2. grazie a voi「あなた方のおかげで」
3. 「皆さまが早く来店されて、料理をご賞味くださるよう望みます」

## ESPRESSIONI RELATIVE ✉

È da molto tempo che non ti scrivo, perché purtroppo ho dovuto affrontare alcuni problemi familiari. E la tua famiglia sta bene?
　ご無沙汰しています。家の方がいろいろとたいへんだったのです。あなたの方は、ご家族の皆さんお元気ですか？

Tre giorni fa ti ho mandato un'email. Ti è arrivata? Sono un po' preoccupata per il tuo silenzio. Forse c'è stato un problema nell'invio o nella ricezione. Per sicurezza ti rispedisco il messaggio.
　3日前にメールしたんだけど着いているかしら？　返事がないのでちょっと心配しています。送信か受信がうまくいかなかったのかもしれないね。念のためもう一度送ります。

Grazie per l'email. Desidero tanto incontrarti, ma questo mese sono veramente piena di lavoro. Il mese prossimo mi faccio sentire io per combinare un incontro. Ti prego di pazientare ancora un po'.
　メールありがとう。会いたいのはやまやまなんだけど、今月は仕事に忙殺されています。来月になったら連絡するのでぜひ会いましょう。それまでちょっと待っててね。

Ieri sono andata a vedere il nuovo film di Ermanno Olmi. Rispetto al film precedente, questo forse era un po' troppo impegnativo, ma le immagini erano molto belle. Se hai un film da consigliarmi, scrivimi.
　昨日エルマンノ・オルミの新しい映画を見てきました。前作に比べてちょっと話がややこし過ぎる感じだけど、映像はとてもきれいです。何かいい映画があったら教えてね。

Desidero comunicarvi la mia nuova assunzione presso la Ditta XX. Lascerò la mia attuale occupazione a fine giugno. In seguito mi recherò a Milano, presso la mia nuova sede, dove per un periodo di due mesi sarò impegnato in un corso di formazione. Vi comunicherò il mio nuovo recapito, appena ne sarò a conoscenza.
　このたびXX社に就職が決定いたしました。現在の仕事は6月末をもって退職いたします。その後、新しい職場となるミラノに赴任し、そこで2か月研修を受けます。新しい住所が決まりましたらご連絡いたします。

# 2

## 誘う・招く

自宅やパーティーに招待したり、どこかへ一緒に行こうと誘ったりする文例を見ていきます。相手に会うことを楽しみにしているという思いを伝えます。また、メールを受け取った方では、相手からの提案に喜んで応じる場合もあれば、都合がつかずに断らなければならない場合もあるでしょう。なお、いろいろな条件つきで調整をする場合は「6. 予定・企画を調整する」の章を参照してください。

# 1 久しぶりに会おうよ

日本に滞在しているイタリア人の友だちに宛てて「久しぶりに会わない？」と誘うメールです。具体的なスケジュールを示して、相手の都合を聞きます。

---

oggetto : Ci incontriamo la prossima settimana?

Cara Elvira,

come stai? Mi auguro che il tuo soggiorno in Giappone proceda bene. Non ci vediamo da molto tempo[1] e quindi penso che sarebbe bello incontrarci[2]. Che ne diresti di[3] andare insieme la prossima settimana a vedere la mostra antologica di Cezanne al Museo Nazionale d'Arte Occidentale? Poi potremmo cenare insieme in un ristorante italiano. Conosci qualche bel posticino?
Scrivimi il giorno e l'ora in cui sei disponibile.

A presto.
Junko

---

件名：来週会わない？
元気？ 順調に日本滞在の日々を過ごしていることでしょう。ずいぶん長いこと会ってないので、久しぶりに会えたらいいなと思います。来週、国立西洋美術館でセザンヌの作品展があるんだけど、一緒に行かない？ その後、イタリアンレストランで食事をするっていうのはどう？ どこかいいお店知ってる？ 都合のいい日時を知らせてね。

## NOTA

1. **non ci vediamo da tanto tempo**：「長い間会っていない」。時制は現在形で前置詞は da を用いることに注意。
2. **sarebbe bello incontrarci**「会えたらすてきだろうなと思う」。条件法を使うことにより控えめな願望を表現する。incontrarci は再帰動詞の相互的用法。「私たち」が主語なので ci。
3. **che ne diresti di 〜**：「〜することについてどう思う？」。自分の提案について相手の意見を聞くときによく用いる表現。会話では diresti の代わりに dici をよく使う (→✉8)。✉2 のように「di 〜」がない形で用いることもある。

44

# 2  OK、いつにする?

✉1 (p.44)

✉1に対する返事です。自分のスケジュールを伝え、待ち合わせの場所を提案します。

---

oggetto : Re: Ci incontriamo[1] la prossima settimana?

Cara Junko,

grazie per l'email. Sì, anch'io sarei molto felice di vederti. Io sono libera venerdì prossimo e potremmo incontrarci, se per te va bene[2], alle 15:00 direttamente davanti al museo. Se sei d'accordo[3], dopo potremmo andare in un locale molto carino che ho scoperto a Ginza qualche giorno fa. Che ne dici?

Non vedo l'ora di rivederti[4]!

Un grosso bacio e a presto.
Elvira

---

件名:Re:来週会わない?
メールありがとう。会えたらいいなと私も思っていました。来週の金曜なら空いてるので会えます。もしよければ、15時に美術館の前に現地集合で待ち合わせしましょう。それから先日銀座でとてもいい店を見つけたんだけど、そこで食事するというのはどう?
それでは会えるのを楽しみにしています!

## 📝 NOTA

1. ✉1 の oggetto とも、C'incontriamo という形でもよい。次に続く語が母音で始まるとき、mi, ti, si, ci, vi などは、アポストロフォを用いた省略形にすることができる。
2. **se per te va bene**:「もしあなたがよければ」
3. **se sei d'accordo**:「もしあなたが賛成なら」。2, 3 ともに、相手の意向を尊重する気持ちを表す表現。
4. **non vedo l'ora di ~**:「~するのをとても楽しみにしている」。✉4 にある「non vediamo l'ora di ~」は「私たち」が主語。

# 3 新居に遊びに来て！

引っ越したばかりの夫婦が、新居で開くパーティーの誘いを伝えます。共通の友人にも声をかけていることを伝え、自宅までの地図を添付しています。

---

oggetto : Festa d'inaugurazione per la nostra nuova casa

Cari Masayuki e Chieko,

io e Lucio desideriamo informarvi[1] del nostro cambio di abitazione. Saremo felici di[2] inaugurare[3] la nostra nuova casa con una festa il 15 giugno, a partire dalle ore 18:00. Abbiamo invitato anche Lorenzo, Antonia e due loro conoscenti, insieme a tanti altri amici comuni. Spero che anche voi possiate venire. Ci fareste proprio felici[4].
Allego una piantina per raggiungere casa nostra.

Sperando nella vostra presenza, vi mandiamo un caro saluto.
Elena e Lucio

---

件名：引越し記念パーティー
このたび新しい住まいに転居しました。6月15日に引越し記念のパーティーを開きたいと思っています。時間は18時からです。他にはロレンツォとアントニア、彼らの知り合い二人、それからあなたたちも知っている友だちをおおぜい招待しています。来ていただけるといいのですが。お会いできるなら本当にうれしいです。
地図を添付していますのでお越しになるときご利用ください。
お会いできるのを楽しみにしています。

### NOTA
1. informarvi：informare は他動詞なので vi は直接補語。日本語では「あなたたちに知らせる」。後ろに di や su を伴い、「～について」という意味をなす。
2. **essere felice di** ～：「～するのをうれしく思う」。felice は主語の性数に合わせる。
3. inaugurare「（式を行なって）～を発足させる、使用開始させる」という意味の動詞。
4. ci fareste felici：条件法を用いて控えめに気持ちを表した表現。

# 4 お招きありがとう ⤴✉3 (p.46)

✉3に対する承諾の返事です。招待してもらった喜びも伝えます。

---

oggetto : Grazie per l'invito

Cari Elena e Lucio,

grazie dell'invito. Non vediamo l'ora di venire nella vostra nuova casa. Porteremo un vino speciale che abbiamo comprato durante il nostro ultimo viaggio in Spagna.
Saremo felici, inoltre, d'incontrare Lorenzo e Antonia. È proprio da un pezzo che[1] non li sentiamo e ci farà piacere[2] rivederli in questa piacevole occasione.
Allora ci vediamo giorno 15. Un caro saluto.
Masayuki e Chieko

---

件名：お招きありがとう
お招きありがとう。おふたりの新居にうかがえるのがとても楽しみです。とっておきのワインを持って行きますね。最近スペインに旅行に行ったとき買い求めたものです。
ロレンツォとアントニアに会えるのも楽しみです。しばらく連絡をとっていなかったので、この機会に再会できるのはとてもうれしいです。
では、15日にお会いしましょう。

## 📝 NOTA
1. **è da un pezzo che** 〜：「〜してからしばらくになる」。che の節の動詞は現在形で、近過去ではないことに注意。
2. **ci farà piacere**：後ろに動詞の原形を伴い、「〜することが私たちにとってはうれしい」。「私」なら ci の代わりに mi。farà は未来形。現在形の形もよく用いる。

## 🔄 VARIANTE
Grazie per l'invito. Sarò felice di venire, ma purtroppo riuscirò ad arrivare da voi solo alle 19:30. Va bene lo stesso?

　　ご招待ありがとう。ぜひうかがいたいと思います。ですが、時間が19時30分頃になってしまいます。それでもよろしいでしょうか。

## 5 残念ですが、うかがえません　　✉3 (p.46)

✉3に対する断りのメールです。欠席の理由を説明し、あわせてお祝いの気持ちをきちんと伝えます。

---

oggetto: Purtroppo non posso venire

Carissimi Elena e Lucio,

grazie per avermi invitato[1] alla vostra festa. Mi dispiace molto, ma purtroppo non potrò partecipare, perché ho un impegno di lavoro improrogabile.
Intanto, desidero congratularmi[2] con voi per la nuova casa, che spero di poter vedere alla prossima occasione.

Un caro saluto.
Teresa

---

件名:残念ですがうかがえません
パーティーのご招待ありがとう。とても残念なのですが、どうしても変更できない仕事が入っていて、行くことができません。
またの機会にうかがえるのを楽しみにしています。新しいお住まいでの日々がすてきなものでありますようお祈りします。

### 📝 NOTA
1. **grazie per avermi invitato**：per の後は動詞の原形。ここでは近過去の助動詞 avere に「招待する」の目的語 mi がつく。その際 avere の -e が落ちて avermi となる。
2. **desidero congratularmi per 〜**：〜に対して祝意を述べる表現。

### 🔄 VARIANTI
Mi dispiace molto non poter partecipare alla vostra festa, ma purtroppo quel giorno sono in viaggio per lavoro.
　あいにくその日は出張で、パーティーに参加できません。とても残念です。
Che peccato non poter partecipare alla vostra festa! In quel periodo sarò a casa dei miei genitori nella mia città natale.
　残念！　その時期には故郷の実家に帰っているのでパーティーに出られません。

# 6 一緒に山形に来ませんか？

日本に住むイタリア人の友だちを田舎の実家に誘います。

---

oggetto : Vuoi venire con me a Yamagata?

Ciao Beatrice,

come va? Io sto bene, ma sono sempre molto impegnata.
Ti volevo invitare[1] a venire con me a Yamagata per una settimana, dal 3 al 10 marzo, a casa dei miei genitori. Ho detto loro che un giorno di questi ti avrei portato con me e se vieni saranno molto felici. Lì fa molto freddo ed è anche caduta la neve. Da casa dei miei genitori si può ammirare un paesaggio meraviglioso: le cime delle montagne sono tutte imbiancate e al tramonto si tingono di rosa per i riflessi del sole. Loro desiderano tanto conoscerti e mia madre ti preparerà tanti buoni piatti tipici della zona. Pensaci e fammi sapere[2]!

Un grosso bacio.
Tomoe

---

件名：一緒に山形に来ない？
元気？　私の方は元気だけどとても忙しいです。
3月3日から10日までの一週間山形の実家に帰るので、その時にあなたを招待したいんだけど。両親にはそのうちあなたと一緒に帰ることを言ってあって、来てくれるととても喜ぶと思います。山形はとても寒くて雪も降りました。でも実家からはすばらしい風景が見えるのよ。山々がすっかり雪化粧していて、夕暮れ時には太陽の光を浴びてバラ色に染まるの。両親はとてもあなたに会いたがっていて、母は腕によりをかけておいしい郷土料理をいろいろ作ると思います。考えてみてね！　返事を待っています。

## NOTA

1. **ti volevo invitare**：volevo は半過去だが、過去の願望を表すのではなく、控えめな願望を表す。vorrei と同様の意味でよく用いられる。
2. **fammi sapere**：「知らせて」「連絡してきてね」

## 7 結婚披露パーティーにご出席ください

レストラン・ウエディング形式のカジュアルなパーティーに誘うメールです。

---

oggetto : Invito al ricevimento di matrimonio

Cara Roberta,

Io so che è da un secolo che non mi faccio sentire[1]. Perdonami, se puoi[2].
Ti ho scritto perché desidero invitarti al ricevimento del mio matrimonio, che si terrà al ristorante Il Viale il 2 dicembre alle 19:30. Sì, hai letto bene, finalmente mi sposo! Sarà un ricevimento abbastanza informale, al quale parteciperanno solo i nostri parenti e alcuni amici. Ho invitato anche Kei, quel ragazzo che ti ho presentato l'anno scorso. Penso che ti farà piacere rivederlo dopo tanto tempo.

Sperando che[3] anche tu possa venire, t'invio un caro saluto.
A presto.
Ayano

---

件名：結婚披露パーティーへのご招待
すごく長い間ご無沙汰しています。本当にごめんなさいね。
このメールを書いているのは、12月2日19時30分にレストラン「イル・ヴィアーレ」で行なわれる私の結婚披露パーティーにご招待したいからなのです。そう、読み違いじゃないよ、ついに私は結婚するのです！　パーティーはかなりカジュアルで、列席するのは私と彼の親族と友だち数人だけ。圭も招待しています。去年あなたに紹介した人。久しぶりに彼に会えるのはうれしいんじゃない？
来てくれるのを楽しみにしています。

## NOTA

1. **è da un secolo che ~**：un secolo は 1 世紀。非常に長い期間を表す。che の節の動詞が現在形であることに注意。non mi faccio sentire は「連絡しない」の意。
2. **perdonami, se puoi**：「できることなら私を許してほしい」。丁寧に謝る表現。
3. **sperando che ~**：ジェルンディオを用いて「～となることを望みつつ」

## 8 祇園祭にご一緒しませんか？

帰国間近のイタリア人の友人を祇園祭に誘います。お祭りの魅力にも触れて、相手の興味を引く内容のメールにしましょう。

---

oggetto: Vieni al Gion Matsuri?

Ciao Nichi,

come stai? Mi auguro che il tuo soggiorno in Giappone proceda bene. Non ci vediamo da molto tempo e quindi penso che sarebbe bello incontrarci. Che ne dici di andare insieme al Gion Matsuri la prossima settimana? È una festa molto particolare che si celebra solo una volta all'anno, in cui sfilano i carri tradizionali scintoisti. Si possono ammirare anche molti costumi storici antichi. Sarebbe una bella occasione per te[1] partecipare a questo evento tradizionale, prima del tuo ritorno in Italia. Che ne dici?

Attendo risposta[2]. Baci.
Mihoko

---

件名：祇園祭に行かない？
元気？ 日本での滞在は順調だと思います。ずいぶん長いこと会ってないので、会えたらうれしいんだけど。来週祇園祭があるので一緒に行かない？ 年に一度のとても珍しいお祭りです。神事のための伝統ある鉾を引いて行くのよ。歴史のある衣装などもいろいろ楽しめます。イタリアに帰る前にこういう伝統的な行事に参加するのは、とても良いチャンスだと思うんだけど、興味ある？
お返事待っています。

### NOTA

1. **sarebbe una bella occasione per te**：「あなたにとってきっと良い機会になるでしょう」。条件法を用いて控えめに相手に勧める表現。
2. **attendo risposta**：「返事を待っています」。risposta に形容詞などがつかなければ、冠詞は不要。

## 9　コンサートのお誘い ①

知人の演奏家のコンサートがあるので親しい友だちを誘います。演奏家のプロフィールを述べてから、相手の都合を聞きます。

oggetto: Sei libero sabato sera?

Caro Marcello,

sabato prossimo alle ore 19:00 alla Hall Kioi si terrà un concerto per archi nel quale[1] si esibisce un mio carissimo amico suonando il violino. Si chiama Masaki Fujii. Dopo aver finito l'Università d'Arte di Kyoto, ha vinto vari concorsi nazionali e internazionali, lavorando in seguito con famosi musicisti e direttori d'orchestra.
Vuoi venire con me al concerto? So che ti piace la musica classica, per questo ho pensato a te. Inoltre, il caro Masaki mi ha regalato alcuni biglietti, quindi non dobbiamo pagare.
Allora, sei libero sabato sera? Fammi sapere.

In attesa di una tua risposta[2], t'invio un caro saluto.
Kenji

件名：土曜の夜
来週土曜の夜、紀尾井ホールで19時から弦楽のコンサートがあって、僕の親しい友人のバイオリニストが演奏します。藤井正樹という名前で、京都芸術大学を卒業後、国内外のいろいろなコンクールで賞をとっていて、今では有名なオーケストラの指揮者や演奏家たちと共演しているんだ。
そのコンサートに一緒に行かないか？　君はクラシックが好きだからどうかなと思って。チケットは正樹が何枚かくれたから、買わなくていいよ。
土曜の夜は空いてるかな。返事を待っています。

### ✎ NOTA

1. **nel quale**：前置詞を伴う関係代名詞。nel の il は先行詞 concerto の性数に一致。
2. **in attesa di una tua risposta**：「君の返事を待ちつつ」。✉10 のように、敬語なら tua の代わりに Sua。

# 10 コンサートのお誘い ②

✉ 9と同じ内容で、目上の人をお誘いする丁寧なヴァージョン。

---

oggetto: Invito al concerto

Gentile Professor Valguarnera,

sabato prossimo alle ore 19:00 alla Hall Kioi si terrà un concerto per archi nel quale suonerà il violino un mio carissimo amico. Si chiama Masaki Fujii. Dopo essersi laureato presso l'Università d'Arte di Kyoto, ha lavorato con famosi musicisti e direttori d'orchestra, anche all'estero.
So che Lei è un intenditore[1] di musica classica, per questo ho pensato d'invitarLa. Non si preoccupi per[2] i biglietti.

In attesa di una Sua risposta, Le invio un caro saluto.
Kenji Sakamoto

---

件名:コンサートへのご招待
来週土曜19時、紀尾井ホールで、ある弦楽のコンサートが行なわれるのですが、そこで私の親しい友人のバイオリニストが演奏します。藤井正樹という名前で、京都芸術大学を卒業後、海外も含めた有名なオーケストラの指揮者や演奏家たちと共演している奏者です。先生はクラシック音楽に造詣が深くていらっしゃるので、ご招待してはどうかと考えました。チケットをお求めいただくにはおよびません。
ご返事をお待ち申しあげております。よろしくお願いいたします。

### 📝 NOTA

1. un intenditore「通、玄人」。女性なら un'intenditrice。
2. **non si preoccupi per** 〜：preoccuparsi「心配する」の丁寧な否定命令形。「〜のご心配をなさるにはおよびません」「〜は必要ありません」の意。

## ESPRESSIONI RELATIVE ✉

Desidero invitarti alla mia festa di compleanno, che si terrà a casa mia il 17 luglio a partire dalle ore 18:00. Sarai il benvenuto.
　7月17日、誕生日パーティーを開きますのでご招待したいと思います。時間は18時です。ぜひ来てくださいね。

Se trovi il tempo, vieni a vedere la mia mostra di acquarelli. Li esporrò il mese prossimo anche nel Centro Culturale della tua città.
　私の水彩画の作品展を開くので、もし時間があれば見に来てもらえるかしら。来月、あなたの町の文化センターでも作品を展示します。

Sarei felice di venire a vedere la tua mostra, ma il mese prossimo sarò in giro per l'Europa per lavoro. È un vero peccato. Verrò sicuramente alla prossima occasione.
　あなたの作品展、ぜひ見に行きたいのですが、来月は仕事でヨーロッパを回るのです。本当に残念です。次の機会には必ず行きますね。

Amore mio, non sto più nella pelle al pensiero di rivederti venerdì sera. Hai già deciso dove vuoi andare? Io avrei un'idea. Se per te va bene, prima potremmo andare a vedere l'ultimo film di Spielberg, poi a cena in un ristorantino che è una favola. Ti va?
　金曜の夜にまた君に会えると思うと、今からわくわくしてじっとしていられないよ。どこに行くか考えた？　一つ案があるんだけど。もしよかったら、スピルバーグの最新作を見て、その後、小さいけどすごくいいレストランがあるのでそこでディナーというのはどうかな。

Grazie per l'invito. Verrò sicuramente alla conferenza che terrai domani sulla poesia rinascimentale. È un argomento che mi interessa molto.
　ご招待ありがとう。明日のルネサンス時代の詩についての講演会、必ず行きますね。とても興味があるテーマです。

Ti ringrazio molto per l'invito. Sarò felice di partecipare con la mia famiglia. Se c'è qualcosa che posso portare per la festa, fammelo sapere.
　ご招待感謝しています。家族と一緒に参加できるのはとてもうれしいです。パーティーに何か持って行く物があれば知らせてね。

# 3

## 感謝の気持ちを伝える

プレゼントをもらったり、お世話になったりした際に感謝の気持ちを伝える文例を見ていきましょう。手紙と違って、メールならすぐに思いを相手に伝えることができます。お礼の言葉のあとに「どういうことがうれしかったのか」を具体的に述べて、喜びを表すといいでしょう。また、感謝のメールが届いたときに、「喜んでもらえてうれしい」「こちらこそ」という気持ちを簡単に伝えることができるのも、メールの利点です。

# 1 プレゼント、ありがとう

イタリア人の友だちが CD を送ってきてくれたので、お礼のメールを出します。感謝の気持ちがあふれる文面です。

---

oggetto: Grazie per il meraviglioso CD

Cara Lara,

grazie, grazie e ancora grazie. Il CD che mi hai mandato è stupendo. Non faccio altro che[1] ascoltarlo. Ti sei ricordata della mia grande passione per questo cantante italiano e mi hai mandato subito il suo ultimo album. È stata una sorpresa meravigliosa! Ti ringrazio ancora. Mi piacerebbe ricambiare il tuo gesto affettuoso mandandoti qualcosa dal Giappone, ma non credo che riuscirei a indovinare i tuoi gusti così come hai fatto tu con me. Se c'è, quindi, qualcosa che vorresti ricevere, comunicamelo senza farti scrupoli[2]. Mi raccomando[3]!

Con affetto.
Manami

---

件名：すてきな CD をありがとう

ありがとう。本当にありがとう。送ってくれた CD、とてもすてきです。これを聴いてばかりいるのよ。私がこのイタリア人の歌手がすごく好きだってことを覚えてくれていて、最新アルバムをすぐに送ってくれたのね。すばらしいサプライズだった！ 本当に感謝しています。お返しに日本から何か送りたいんだけど、あなたがしてくれたみたいに、私があなたの好みにぴったり合う物を選ぶのはちょっと難しそう。だから、何か欲しい物があったら、遠慮しないでぜひ知らせてほしいの。お願いね！

### NOTA
1. non faccio altro che 〜「〜以外のことはしない」「〜してばかりいる」
2. **senza farti scrupoli**：「遠慮しないで」。farsi scrupoli「遠慮する」
3. **Mi raccomando!**：「お願いだよ！」「よろしく頼むよ！」。会話でよく使う表現。

## 2 喜んでもらえてうれしいです   ⤺✉1 (p.56)

✉1に対する返事です。

---

oggetto : È stato un piacere

Cara Manami,

sono contenta che ti sia piaciuto[1] il CD. Anch'io adoro questo cantante, quindi appena ho saputo che era uscito il suo nuovo album, sono andata subito in un negozio di CD e ne ho comprato uno anche per te. Se vuoi qualche altro suo CD che non riesci a trovare in Giappone, scrivimelo subito[2]. Non mi costa nulla[3] mandarti un altro pacchetto.
Hai deciso se venire o meno in Italia quest'estate? Io sarei molto felice d'incontrarti. Se vieni, potremmo andare insieme ad ascoltare il nostro amato cantante, perché quest'estate farà un concerto anche qui a Pisa.

Allora, fai in modo di venire! Un Bacio.
Lara

---

件名：喜んでもらえてよかった
CD、気に入ってくれてうれしいです。私もこの歌手はとても好きなので、最新アルバムが出たとわかったとき、すぐにCDショップに行って、あなたのためにも買いました。他にも彼のCDで日本では見つからないものがあったらすぐ知らせて。もう1つプレゼントを送ってもまったく問題ないんだからね。
ところでこの夏イタリアに来るかどうか決めた？　会えるならすごくうれしいです。もしよければ、私たちの愛する彼のコンサートに一緒に行ってもいいのよ。この夏ピサでもコンサートをするそうなの。
だから、何とかして来てよね！

### 📝 NOTA
1. **sono contenta che ti sia piaciuto** ～：「あなたが～を気に入ってくれてうれしい」
2. **scrivimelo subito**：scriviは命令形。loは「そのこと」
3. **non mi costa nulla** ～：「～することは私にはまったく負担ではない」

## 3 楽しかった、ありがとう

日本在住のイタリア人の親しい友人夫妻に、子供連れで自宅に招待された後に送るメール。おいしかった料理や楽しかった会話についてお礼を言います。

---

oggetto: Grazie per la cena

Carissimi Viviana e Fabio,

grazie per la stupenda serata a casa vostra. Io, Yuji e i bambini ci siamo divertiti moltissimo. La cena è stata veramente squisita e, inoltre, mi ha fatto immensamente piacere potere chiacchierare con voi di così tanti argomenti. Forse i bambini hanno fatto troppa confusione. Perdonali, ma si sono divertiti così tanto con il vostro cane che poi, per la stanchezza, hanno finito per addormentarsi in macchina. Spero di riuscire a organizzare una cena, questa volta a casa mia, anche se[1] Yuji per ora è molto impegnato con il lavoro. Appena sarò un po' più libera, ti riscriverò per metterci d'accordo sulla data[2].

Un caro saluto anche da parte di Yuji.
Amie

---

件名：夕食会のお礼
お宅でのすばらしい夕食会、ありがとうございました。私も祐二も子供たちも、とても楽しく過ごしました。食事は本当においしく、まといろいろなことについてあなたたちとお話できたのが何よりうれしかったです。子供たちはちょっと大騒ぎし過ぎましたよね。ごめんなさいね。お宅のワンちゃんとあんまりはしゃいだものだから、車に乗ると疲れて眠ってしまいました。
次回は私の家で夕食会ができればいいなと思っています。ただ、祐二が今の時期、仕事でとても忙しいのです。時間ができ次第またメールしますので、日にちを決めましょう。
祐二からもよろしく言っています。

### 📝 NOTA
1. **anche se**「たとえ～でも」。ここでは前の文に続く逆接で、「そうなのだが」
2. **metterci d'accordo sulla data**：「日にちについて我々の間で合意する」

# 4 こちらこそ、ありがとう

✉3 (p.58)

✉3に対する返事です。写真も添える場合の文例です。

---

**oggetto :** Ma figurati!

Cara Amie,

il piacere è stato tutto nostro[1]. Tu, Yuji e i vostri due bei bambini ci avete portato una ventata di allegria. Il nostro cane si è affezionato subito ad Ai e Yuki, i quali l'hanno coccolato tutto il tempo. Avete dei figli veramente splendidi. Complimenti!
Non preoccuparti se[2] non riuscite a organizzare la cena a casa vostra. Sappiamo che Yuji è sempre molto impegnato, anche se, secondo me, si dovrebbe riposare un po' di più. Forse dovresti dirglielo anche tu, ogni tanto.
Ti allego all'email una foto[3] che ho scattato l'altra sera a Yuki e Ai insieme al nostro cane Ken. Non è venuta bene? Spero che ti piaccia.

A presto.
Viviana

---

件名：こちらこそ！
こちらこそとても楽しかったです。あなたや祐二さん、そしてかわいい二人のお子さんたちが、とても明るく楽しい風をわが家に運んできてくれました。うちの犬もすぐに愛ちゃんと幸ちゃんになつきましたね。ずっと撫でていたからね。本当にかわいい子たちです。おふたりは幸せですね！
お宅での夕食会ができなくても気にしないでね。祐二さんがいつもお忙しいのはよくわかっています。でも、もう少し体を休めないといけないと思うんだけど。あなたもときどき言ってあげるといいかもね。
写真を添付しますね。あの日、愛ちゃん、幸ちゃんがうちのケンと撮った写真です。良く撮れているでしょう？ きっと気に入ると思います。

## 📝 NOTA

1. **il piacere è stato tutto** nostro：「私たちの方こそうれしかった」。「私」なら mio。
2. **non preoccuparti se** 〜：「もし〜であっても気にしないで」。否定の命令形。
3. **ti allego all'email una foto**：メールに写真を添付する時の表現。

## 5　イタリア語のチェック、ありがとう

フォーマルな手紙のチェックをしてくれたイタリア人の友だちに出すお礼のメール。急いでくれただけでなく、とても良い手紙になったことを強調します。

---

oggetto : Grazie per la correzione

Caro Lucio,

ti ringrazio molto per la correzione della lettera che ti avevo chiesto[1]. Poco fa ho ricevuto il file con il testo corretto. Sapendo quanto sei impegnato, non immaginavo che riuscissi[2] a mandarmelo così presto. Sei stato velocissimo! Dopo la tua correzione, la lettera ha una forma molto elegante, oltre a presentare un italiano perfetto. È tutto merito del tuo stile impeccabile! Grazie ancora.

Non so proprio come ricambiare la tua gentilezza[3]. Ti auguro un tranquillo e sereno fine settimana.
Takuma

---

件名：チェックありがとう
お願いしていた手紙のチェックをしてくれて、本当にありがとう。チェック済みの原稿のファイルを少し前に受け取ったよ。君がどんなに忙しいかわかっていたから、こんなに早く返送してもらえるなんて思っていなかった。すごく速くやってくれたんだね！　君が手を入れてくれたので、イタリア語が完璧になっただけではなく、とてもエレガントなスタイルの手紙になった。非の打ちどころのない君の文章表現力のおかげだね！　本当にありがとう。
感謝してもしきれないぐらいの気持ちなんだ。楽しい週末をのんびり過ごしてね。

### NOTA
1. ～ che ti avevo chiesto「君に頼んでいた～」。関係節の動詞は大過去。
2. non immaginavo che riuscissi：immaginare は che の節に接続法を用いる。主節の動詞は半過去で、che の節の動詞 riuscire は接続法半過去となる。主語は tu。
3. **non so proprio come ricambiare la tua gentilezza**：「君の親切にどうお返しすればよいのか本当にわからない」。敬語なら tua の代わりに Sua。

# 6 紹介してくれてありがとう

シチリアの小さな町に行く際、イタリア人の友人に現地の友だちを紹介してもらいました。その旅の様子を報告し、お礼を言います。

---

oggetto : Grazie di avermi presentato Luca

Ciao Vera,

desidero ringraziarti enormemente per avermi presentato il tuo amico Luca. Lui è stato sempre molto carino con me e mi ha fatto conoscere[1] tante persone nuove e tanti luoghi splendidi della Sicilia. Mi ha accompagnato a San Vito Lo Capo, Scopello, Erice e in tanti altri luoghi interessanti. Grazie a lui ho potuto anche mangiare tanti cibi del luogo e soprattutto tanti DOLCI! Infatti, anche Luca, come me, adora i dolci. Con lui ho potuto mangiare i cannoli, la cassata siciliana e il buccellato, tutti dolci che, come mi ha spiegato, si trovano solo in Sicilia.
Insomma, grazie di cuore[2] per il tuo prezioso aiuto.

Un saluto affettuoso dalla tua amica
Mai

---

件名:ルーカを紹介してくれてありがとう

お友だちのルーカを紹介してくれて、本当に感謝しています。彼はとても親切にしてくれて、たくさんの人を紹介してくれたり、シチリアのすてきな場所をいくつも教えてくれたりしたのよ。サン・ヴィート・ロ・カーポやスコペッロ、エリチェ、他にも数多くの興味深い町にに連れて行ってくれました。彼のおかげで、土地のおいしい食べ物や、なかでもいろいろなお菓子を食べることができたの！ ルーカ自身も私と同じくお菓子がとても好きなのよ。彼と一緒にいて、カンノーリやシチリア名物のカッサータ、ブッチェッラートなど、シチリアだけにしかないんだよと彼が言っていたお菓子を、全部味わうことができました。それもこれも、あなたが力を貸してくれたおかげです。本当にありがとう。

### NOTA
1. **mi ha fatto conoscere** ～「私に〜を教えて（紹介して）くれた」
2. **grazie di cuore**：di cuore は「心から」

# 7 滞在中はお世話になりました

ホームステイでお世話になった家族に出すメール。夫妻に宛てているので voi を用います。滞在中の思い出を語り、感謝の気持ちを丁寧に伝えます。

---

oggetto : Grazie per la vostra ospitalità

Cara Famiglia Tremonti,

non so proprio come ringraziarvi per[1] la vostra affettuosa ospitalità[2]. Con voi sono stata molto bene e ho avuto tante occasioni per conoscere le abitudini degli italiani. Quando sono arrivata, avevo molti problemi con la lingua, ma voi siete stati sempre incredibilmente pazienti nell'indicarmi e spiegarmi gli errori che facevo. Solo così, cioè con il vostro prezioso aiuto[3], ho potuto migliorare notevolmente le mie capacità di esprimermi in italiano.
I giorni trascorsi con voi sono stati indimenticabili.

Sperando di rivedervi presto, v'invio un caro saluto.
Akari Funaki

---

件名：お世話になりありがとうございました
皆さんには心のこもったおもてなしをしていただいて、お礼の言葉もないほど感謝しています。お宅では本当に楽しく過ごすことができ、イタリア人の方たちの習慣について知る機会を数多く持てました。来たばかりの頃はイタリア語も間違いが多かったのですが、間違えたときに、いつも皆さんが信じられないほど辛抱強く説明し、直してくださいました。そうして親身になって助けていただいたおかげですごく進歩して、ようやく何とか思っていることをイタリア語で表現できるようになったのです。
皆さんと共に過ごした日々は、本当に得がたい思い出です。
遠からずまたお会いできることを願っています。

### 📝 NOTA

1. **non so proprio come ringraziarvi per ～**：「～についてどうあなた方に感謝したらいいのかわからない」
2. **ospitalità**「手厚いもてなし」。とくに、家に泊めることを指す。
3. **con il vostro prezioso aiuto**：「あなた方の貴重な手助けを得て」

# 8 またいらしてください ✉7 (p.62)

✉7に対する返事。「あなたが来てくださって、私たちもとても楽しかった」という思いをこめます。

---

oggetto : Re: Grazie per la vostra ospitalità

Cara Akari,

il piacere è stato tutto nostro. Tu, con la tua presenza, ci hai portato tanta allegria e buon umore. Per noi, che non abbiamo figli, è stata un'esperienza indimenticabile.
È sempre vivo in noi il ricordo di quando ci hai voluto preparare i makizushi e di quando hai fatto assaggiare il sakè alla prugna a mio marito, il quale si è quasi ubriacato. Che risate che ci siamo fatti, ricordi?
Vieni a trovarci presto[1]. Ti aspettiamo. Un abbraccio anche da parte di mio marito[2] Luigi.
Vera Tremonti

---

件名:Re: お世話になりありがとうございました
私たちの方こそ楽しかったです。あなたが来てくれて、うちは本当に明るく楽しい気分になったのよ。私たちは子供がいないでしょう。だから、得がたい体験でした。
巻き寿司を作ってくれたことや、梅酒をルイージに味見させてくれて彼がほろ酔いになったときのことなどがとても懐かしいです。どんなに笑ったか覚えてるでしょう？
早く、また会いに来てね。待っているから。ルイージからもくれぐれもよろしくと言っています。

## 📝 NOTA
1. **vieni a trovarci presto**：「早く私たちに会いに来て」。命令形。「私」なら trovarmi。
2. **un abbraccio anche da parte di mio marito**：「夫からも抱擁を（送ります）」。da parte di 〜 は「〜（誰々）の側から」

# 9 ご協力ありがとうございました

セミナーのための講演に来てもらった講師に宛てた、丁寧なお礼のメール。

oggetto: Ringraziamento per la partecipazione al seminario

Chiarissimo[1] Professor Fulvio Mercalli,

desidero ringraziarLa[2], a nome di tutto lo staff[3], per la Sua partecipazione al nostro seminario "Prospettive future sulle energie rinnovabili". La Sua lezione sulle possibilità d'impiego di energie rinnovabili non deleterie per l'ambiente è stata, per i nostri studenti, una preziosa occasione di studio. La ringrazio, inoltre, per la disponibilità[4] che ha dimostrato nel rispondere a tutte le loro domande. Le Sue spiegazioni, infatti, sono state molto chiare ed esaurienti.

Sperando di poterLa avere ancora una volta al nostro seminario, Le invio i nostri più cordiali saluti.
Responsabile del seminario
Yoshiaki Furuta

件名:セミナーへのご協力のお礼
このたびは、私どもが企画した「再生可能エネルギーの展望」と題するセミナーに講師としてご参加いただき、スタッフ一同心よりお礼申しあげます。今回お話いただいた、環境を害しない再生可能エネルギー利用の可能性についての講義は、私どもの学生にとって、本当に貴重な学習の機会でした。また、すべての質問に快く丁寧にお答えくださり、感謝いたしております。ご説明はじつに明瞭で意を尽くしたものでした。
また私どものセミナーにお越しいただける機会があればと願っております。その際にはなにとぞよろしくお願い申しあげます。

### NOTA
1. Chiarissimo は大学教授につける尊称だが、メールでは少し古風な印象を与える可能性がある。代わりに Gentile または Gentilissimo (-a) を用いることができる。
2. **desidero ringraziarLa**:「あなたに感謝したい。」ringraziare は直接補語をとる。
3. a nome di tutto lo staff「スタッフ全員の名のもとに」。staff は単数名詞。
4. la disponibilità:快く援助・協力してあげようという気持ちや態度があること。

# 10 こちらこそお世話になりました ⤺✉9 (p.64)

✉9に対する返事。やはり、フォーマルな表現を用います。

---

oggetto : Re: Ringraziamento per la partecipazione al seminario

Gent.mo Prof. Yoshiaki Furuta,

è stato un vero piacere per me[1] partecipare al Vostro[2] seminario sulle energie rinnovabili e sono io che desidero ringraziare Lei e il Suo staff per avermi invitato. I Vostri studenti sono molto attenti e le loro domande dimostrano il loro alto livello di preparazione. È stato un onore[3] poter condividere con loro le mie conoscenze sull'argomento e spero vivamente che continuino ad approfondire gli studi su questo tema, così importante per il nostro futuro.

Sperando di poter partecipare ancora al Vostro seminario, mando a Lei e al Suo staff i miei più cordiali saluti.
Fulvio Mercalli

---

件名：Re: セミナーへのご協力のお礼
このたびは、貴校が開催された再生可能エネルギーについてのセミナーに講師として参加させていただき、私の方こそ皆さまに感謝いたしております。学生の皆さんは非常に真剣に受講なさっていて、ご質問も、素養のレベルの高さをうかがわせるものでした。私の知識をそんな皆さんにお伝えできるのはたいへん名誉なことです。我々の将来にとって非常に重要なこのテーマについて、学生の皆さんが今後ますます研究を深めていかれることを願ってやみません。
またこのようなセミナーを開催される際にはお招きいただければと願っております。スタッフの方々にもなにとぞよろしくお伝えください。

### 📝 NOTA
1. 〈è stato un vero piacere per me ＋動詞の原形〉：「〜することは私にとってじつに喜ばしいことでした」
2. Vostro：大文字にすると「貴校の」の意で丁寧な「あなた方の」の意味となる。
3. 〈è stato un onore poter ＋動詞の原形〉：「〜できることは名誉なことでした」

## ESPRESSIONI RELATIVE ✉

La ringrazio per aver partecipato con noi alla cena di ieri sera. È stato particolarmente utile ascoltare la Sua opinione sul nuovo progetto.
 昨夜は私どもの夕食会にご参加いただき、ありがとうございました。新しいプロジェクトに関するご意見をうかがうことができ、本当に有意義でした。

Grazie per avermi fornito l'indirizzo di Riccio. Proverò a mettermi in contatto direttamente con lui.
 リッチョさんの住所を教えていただき、ありがとうございます。直接連絡をとってみます。

Vi ringrazio immensamente per il Vostro splendido dono. Non mi sarei mai aspettato un pensiero così gentile. Sono veramente commosso.
 すばらしい贈り物を頂戴し、お礼申しあげます。思いがけずこのような心のこもったお品をいただいて、まことにうれしく思っております。

Il vostro invito è stato graditissimo. Stare in vostra compagnia è sempre un piacere. Grazie.
 ご招待いただいて本当に感謝しています。あなたたちと過ごすのはいつもとても楽しいです。ありがとう。

Vorrei ringraziarti ancora una volta per la tua gentile ospitalità. Senza il tuo invito non avrei saputo come fare.
 家に泊めてもらって、本当に感謝してるよ。君が泊まってもいいと言ってくれなかったら、途方に暮れていたところだった。

Grazie per quello che hai fatto per me l'altro giorno. Mi hai tirato fuori da una situazione davvero imbarazzante. Senza il tuo intervento sarei stata rovinata.
 先日はいろいろありがとう。難しい局面だったので助かりました。あなたが間に入ってくれなかったら、面倒なことになっていたところでした。

# 4

## 詫びる

　メールの返事が遅れた、約束が決まっていたのに都合が悪くなった、借りている物を返していない、仕事の締切に間に合わない…小さなことから重大なことまで、日常生活のなかでは、お詫びをメールで伝えるような状況がしばしば起こります。誠意の伝わるお詫びのメールとは、どのようなものでしょうか。文例を見ていきましょう。迷惑をかけて申し訳ないという気持ちを、こちらの事情も説明しながら、丁寧に相手に伝えます。

# 1 返信が遅くなってごめんなさい

相手からのメールに返事が遅れたことを詫びる文面です。子供が体調を崩すというやむを得ない事情だったことを説明しています。

---

oggetto : Scusa per il ritardo della mia risposta

Cara Giuliana,

ti chiedo scusa per[1] non averti risposto subito, ma mio figlio si è ammalato gravemente e io sono dovuta rimanere[2] in ospedale con lui. Ora, per fortuna, si è rimesso e va di nuovo all'asilo nido.
Per me è stato un periodo molto pesante, che mi ha causato dei notevoli ritardi sul lavoro. Adesso sto cercando di recuperare e quindi lavoro il doppio del tempo. Come puoi ben capire[3], dovremmo rivedere il programma di incontrarci entro la fine del mese. Ti riscrivo appena sarò un po' più libera.

Un caro saluto.
Manami

---

件名：返信が遅れてごめんなさい
すぐにお返事できなくてごめんなさい。じつは、息子が病気で具合が悪くなり、病院で付き添っていなければならなかったの。幸い今は良くなって、また幼稚園に通っています。仕事に大きな遅れが出てしまって、とてもたいへんな時期でした。遅れを取り戻すために、今、倍ぐらいの時間、仕事をしています。そういうわけで、月末までには会いましょうと言っていたのを変更してもらわないといけないのです。わかってもらえるとありがたいです。少しでも時間ができたらすぐに連絡しますね。

## NOTA

1. **ti chiedo scusa per** 〜：「〜のことを君に謝ります」。〜が動詞ならば原形。
2. **io sono dovuta rimanere**：rimanere の近過去は助動詞が essere。dovere が過去分詞となり、主語 io が女性なので語尾が -a、dovuta になる。
3. **come puoi ben capire**：ben は bene。「あなたがよく理解してくれるとおり」

## 2 サーバーが不調でした。ごめんなさい

✉1と同様、返事が遅れたことを詫びる文面です。

---

oggetto : Scusami tanto

Ciao Vincenzo,

scusami se[1] non ho potuto risponderti subito, ma ho avuto dei problemi con il mio server e non sono riuscita a collegarmi a Internet. Grazie per la tua premurosa email e mi dispiace se ti ho fatto preoccupare[2].
Ad ogni modo, la traduzione che volevi è pronta e te la spedisco immediatamente.

Scusami ancora.
Akiko

---

件名：ごめんなさい
すぐに返事ができなくてごめんね。サーバーにトラブルが起こって、ネットに接続できなかったの。親切なメールをありがとう。心配かけてしまって申し訳ないです。
とにかく、頼まれていた翻訳はできているので、すぐに送ります。本当にごめんなさいね。

### 📝 NOTA
1. scusami se 〜 「〜のこと、ごめんなさい」
2. ti ho fatto preoccupare：「君を心配させた」。fare は使役動詞。

### 🔄 VARIANTI
Mi dispiace molto non averti potuto rispondere subito, ma ero fuori città per un viaggio di lavoro.
　すぐに返事できなくて申し訳ないです。出張で留守にしていました。
Perdonami per il ritardo della mia risposta, ma ho preso l'influenza e fino a ieri non sono riuscito neanche ad alzarmi dal letto.
　返事が遅れて申し訳ない。じつはインフルエンザにかかってしまって、昨日までは起き上がることもできなかったんだ。

## 3 ごめん、明日の予定を延期させて

友人と夕食の約束をしていましたが、体調不良でキャンセルをお願いするメールです。こちらの事情なので、丁寧に詫び、延期させてほしい旨を伝えます。

---

oggetto : Possiamo vederci un'altra volta?

Cara Bice,

scusami, ma non potrò venire a cena da te domani. Purtroppo[1] ho preso un brutto raffreddore ed è meglio che[2] io rimanga a letto.
Ho, comunque, molta voglia di vederti e, se per te va bene[3], potremmo incontrarci non appena starò meglio. Prossimamente ti scriverò un'altra email per decidere la data del nostro incontro.

A presto e scusami di nuovo.
Hitomi

---

件名：延期していい？
明日あなたの家で晩ご飯を食べようと言っていたんだけど、行けなくなってしまいました。ごめんなさい。じつはひどい風邪を引いてしまったので、寝ているのがいいと思うの。でも、ぜひ会いたいです。あなたの都合がよければ、私が良くなったらすぐに会いましょう。また後日メールするので、そのときに会う日を決めましょう。
本当にごめんね。

### ✎ NOTA
1. purtroppo「あいにく」。お詫びの理由、事情を説明する文に用いるとよい。
2. è meglio che ～「～する方がよい」。che の節の動詞には接続法を用いる。
3. se per te va bene「あなたにとってそれでよければ」

### ✉ VARIANTE
Ti dovrei chiedere di spostare il nostro appuntamento previsto per oggi, perché ho dovuto lavorare tutta la notte e adesso sono distrutta.

今日の約束なんだけど、延期してもらっていいかな。徹夜で仕事をしないといけなかったので、今、もうくたくたなんです。

## 4 締切に間に合わず申し訳ありません

仕事の翻訳原稿を締切日までに送付することができないことを詫び、締切の延期を願い出ます。相手が編集者なので、敬語を使った文面です。

---

oggetto : Richiesta di proroga della scadenza

Gentile Redattore Masini,

sapendo che Lei è sommerso dal lavoro mi dispiace disturbarLa[1] proprio in questo periodo, ma desidero scusarmi per[2] non riuscire a rispettare la scadenza della consegna della traduzione che mi aveva chiesto.
M'impegnerò nel fine settimana per terminarla e lunedì mattina Lei troverà il file con la traduzione nel suo computer.
Mi scuso ancora[3] e spero di non averLe creato, con questo mio ritardo, dei problemi.

Cordiali saluti.
Kaori Nakai

---

件名:締切延期のお願い
ご多忙のところご迷惑をおかけして本当に申し訳ありませんが、じつは、ご依頼いただいていました翻訳を締切までにお送りすることができません。週末の間に仕上げて、月曜の朝には翻訳原稿のファイルがお手もとのパソコンに届いているようにいたします。
本当に申し訳ございません。この遅れで御社にトラブルが生じないことを願っています。

### NOTA
1. **mi dispiace disturbarLa**:「あなたを煩わせて申し訳ない」。mi dispiace の後、動詞なら原形を用いる。disturbare は直接補語をとるので La(あなたを)。
2. **desidero scusarmi per** 〜:〜のことを丁寧に詫びる表現。
3. **mi scuso ancora**:「重ねてお詫び申しあげます」。再帰動詞 scusarsi の活用形。

## 5 Re: 締切に間に合わず申し訳ありません  ✉4 (p.71)

✉4に対する返事の文面です。新たに設けた締切を必ず守るよう言うとともに、今後このようなことがないよう、厳格な姿勢の表れた文で伝えます。

---

oggetto : Re: Richiesta di proroga della scadenza

Gentile Dott.ssa Kaori Nakai,

ho capito. Purtroppo, essendo legati a un programma di pubblicazione ben preciso, non abbiamo più molto tempo a disposizione. La prego di rispettare la nuova scadenza di lunedì mattina, ore 9:00. La prego, inoltre, di[1] avvertirmi con un certo anticipo, se dovesse accadere una cosa analoga[2] in futuro. In caso contrario[3], sarò costretto a[4] rivolgermi a qualcun altro per i successivi lavori.

Cordialmente Suo.
Enrico Masini

---

件名：Re:締切延期のお願い
了解しました。出版までの工程は厳密に設定されていて、我々もそれを厳守しなければならないため、猶予はほとんどないというのが実情です。月曜の朝9時という新たな締切は、必ず守っていただくようお願いいたします。そして、今後このような事態が起こった場合は、ある程度時間の余裕をもってお知らせください。そうでなければ、今後のお仕事は他の翻訳者に変更せざるを得なくなります。よろしくお願いいたします。

### 📝 NOTA

1. La prego, inoltre, di ～：inoltre（そのうえ）が挿入された形。
2. se dovesse accadere una cosa analoga：仮定法の条件の節。万一の事態を仮定しているので、dovesse（dovereの接続法半過去）を用いている。
3. in caso contrario「逆の場合」「そうではない場合」
4. sarò costretto a ～：〈essere costretto a ＋動詞の原形〉で「～せざるを得ない」

# 6　欠席、申し訳ありません

会議への欠席を伝えるメールです。✉3と違って延期のお願いができない会合です。事情を説明し、お詫びに加え「行けなくて残念だ」という思いを伝えます。

oggetto: Assenza alla prossima riunione di redazione

Gentile Direttore Luigi Leone,

mi dispiace molto doverLa avvertire[1] del fatto che[2] lunedì prossimo non potrò partecipare alla riunione di redazione per gravi motivi familiari[3]. Purtroppo, mia madre dovrà ricoverarsi in ospedale e io, proprio lunedì, dovrò accompagnarla per aiutarla nelle pratiche di ricovero. Poiché è abbastanza anziana e non è in grado di guidare la macchina, è assolutamente necessario che io vada con lei. Sono veramente desolata che[4] il giorno del ricovero e quello della riunione combacino. La prego di scusarmi con il resto del personale del giornale.

Distinti saluti.
Hiroka Masamura

件名：次回の編集会議の欠席について
来週月曜の編集会議についてですが、よんどころない家庭の事情ができ、参加することができなくなりました。申し訳ございません。じつは、月曜当日に母が入院することになり、同伴や入院手続きなどをしなければならないのです。母はかなりの高齢で、車の運転もできず、どうしても私が同伴しなければなりません。入院がよりによって会議の日に当たってしまい、本当に残念で申し訳なく思っています。編集の関係者の皆さま方にも私のお詫びの意をお伝えくださるようお願い申しあげます。

## ✎ NOTA

1. **doverLa avvertire**：avvertire（告げる）は直接補語をとるので La。
2. **avvertire del fatto che 〜**「〜という事実について告げる」
3. **per gravi motivi familiari**：「やむを得ない深刻な家庭の事情によって」
4. **sono desolata che 〜**：desolato は「遺憾な」。ここでは「心苦しく申し訳ない」

## 7 連絡できなくてごめんなさい

イタリア出張の前に「着いたら連絡する」と言っていたのに、連絡できずに帰国してしまいました。✉3や✉6と異なり、過去のことについて詫びるメール。

---

oggetto: Scusami se non ti ho potuto scrivere

Cara Barbara,

prima di partire per l'Italia ti avevo promesso che subito dopo il mio arrivo mi sarei fatta sentire[1], ma purtroppo non ne ho avuto il tempo. Poiché il mio era un viaggio di lavoro, sono stata molto impegnata. Appena sono arrivata, ho dovuto organizzare i dettagli dell'itinerario e mettermi in contatto con i responsabili delle ditte da visitare.
Ti avevo anche comprato una bottiglia di buon sakè, ma non avendoti incontrata me la sono riportata[2] indietro. Scusami tanto.

Sperando che tu mi possa perdonare presto, ti mando un grosso bacio.
Kurumi

---

件名：メールできなくてごめんなさい
イタリアに出発する前、着いたらすぐ連絡すると言っていたのに、時間がなくなってしまいました。何しろ出張旅行なのでとても忙しかったのです。到着してすぐに、細かいことまでスケジュールを組んだり、訪問先の会社の担当者に連絡をとったりしないといけなかったの。
おいしいお酒を贈ろうと思って持って行っていたんだけど、会えなかったのでそのまま持ち帰りました。本当にごめんなさい。許してくれるといいんだけど。

### ✎ NOTA

1. mi sarei fatta sentire：時制は条件法過去。〈過去における未来〉を表す。出張旅行は過去のことだが、その時点での「連絡しよう」という意志は未来に関することなので、この時制を用いる。farsi が再帰動詞なので助動詞は essere。
2. me la sono riportata：riportarsi の si は mi に変化、それに la が入るとさらに me に変わる。その近過去形で助動詞は essere。

## 8　返してもらえる？（催促のメール）

友人に貸していた DVD をなかなか返してもらえません。相手との関係に配慮して丁寧な表現を用いながらも、困っていることをはっきり伝えます。

---

oggetto: Mi potresti restituire il DVD?

Ciao Akko,

scusa se ti disturbo[1], ma ti volevo chiedere se potevi restituirmi il DVD "Un giro nella Galleria degli Uffizi". Non ho fretta, quindi se ne hai bisogno, tienilo ancora per un po'. Ti ricordo, però, che[2] l'ho comprato con i soldi previsti per la ricerca accademica della mia università. Quindi, più che mio, questo DVD è dell'università.

Ringraziandoti in anticipo per[3] la restituzione, t'invio un grosso bacio.
Marco

---

件名：DVD 返してもらえる？
ごめん、ちょっと聞きたいんだけど、『ウフィツィ美術館散歩』の DVD、返してもらえるかな？　急ぐわけじゃないんで、まだ要るというならもう少し持っていてもかまわないよ。ただ、あれは前も言ったように、僕の勤める大学の学術研究に充てられた費用で買ったものなんだ。だから、僕個人のものというより大学の所有というべき DVD なんだ。近々返してもらえるとありがたいんだけど。

## 📝 NOTA
1. **scusa se ti disturbo**：「君のじゃまをしたならごめん」「君を煩わせてごめん」
2. **ti ricordo che 〜**「〜のことを君に思い出させよう（思い出してほしい）」
3. **ringraziandoti in anticipo per 〜**：「前もって〜のことを感謝しつつ」

## 9 長い間借りていてごめんなさい ✉8 (p.75)

✉8のメールで催促を受けたDVDについて、長い間借りていることを謝るとともに、もう少しの間貸してほしいと依頼する文面です。

---

oggetto: Scusami per il DVD

Caro Marco,

ti devo chiedere scusa, perché[1] non ti ho ancora restituito quel DVD che mi avevi prestato sei mesi fa. So che[2] è passato tanto tempo da quando me lo hai dato, ma purtroppo mi serve ancora per qualche settimana. Infatti, essendo un DVD molto raro, ho deciso di farlo vedere anche ai miei studenti il giorno di commemorazione della fondazione del nostro istituto, nel quale si svolgeranno molte attività extrascolastiche.
Grazie ancora per avermelo prestato[3] e scusami tanto per il ritardo con cui te lo restituirò.

A presto.
Akko

---

件名：DVDのこと、ごめんなさい

6か月も前に貸してもらったあのDVD、まだ返してなくてごめんなさい。貸してもらってからずいぶん長いこと経っているのはわかっているんだけど、じつはあともう何週間かお借りしたいの。というのは、とても珍しいDVDなので、私の教えている学生にも見せることにしたのです。うちの学校の創立記念日に、たくさんの課外特別活動が実施されるんだけど、そのときに見せたいのです。返すのが遅れて本当に申し訳ないけど、待ってもらえたらありがたいです。よろしくお願いします。

### 📝 NOTA

1. **ti devo chiedere scusa, perché ～**：～のことを丁寧に謝る表現。
2. **so che ～**「～というのはわかっている」。逆接で後ろの文が続くことが多い。
3. **avermelo prestato**：avereは近過去の助動詞。perの後で原形だが、eが落ちる。meはloを伴うためにmiから変化している。

# 10 心からお詫びします

パーティーで飲み過ぎて失態を演じてしまったことを心から詫びるメールです。

---

oggetto : Perdonami

Ciao Marcella,

ho finalmente deciso di scriverti per scusarmi per quello che ho combinato alla tua festa. Non mi ricordo quasi niente perché avevo bevuto troppo, ma dai racconti dei nostri amici ho saputo che ho rotto tre bicchieri del tuo meraviglioso servizio, mi sono messo a cantare a squarciagola e a ballare nel balcone di casa tua, e per completare ho importunato per tutta la sera quella tua amica francese molto carina, di cui, tra l'altro, non ricordo neanche il nome. Insomma, ti ho rovinato la festa di compleanno. Non so proprio come scusarmi[1].
Forse non mi perdonerai mai, ma sappi che mi dispiace immensamente.

In attesa di una tua risposta e del tuo perdono, ti saluto con affetto.
Il tuo amico Ryota

---

件名：本当に申し訳ない
君のパーティーでやらかしてしまった失態について、ようやく謝る決心がつきました。じつは、飲み過ぎていてほとんど覚えていないんだ。でも、みんなの言うところでは、僕は君の家のすばらしい揃いのグラスのうち3つを壊してしまい、バルコニーで声を張り上げて歌ったり踊ったりしたみたいだね。おまけに、君の友だちの美人のフランス人女性をあの晩ずっと追いかけ回していたらしい。とは言っても彼女の名前さえも思い出せないんだけど。とにかく、君の誕生日パーティーを、僕はぶち壊しにしてしまったんだ。何て言って謝ったらいいのかわからない。
たぶん君は許してはくれないだろう。でも、本当に、ものすごく申し訳ないと思っていることはわかってほしいんだ。許すという返事を待っています。

### NOTA
1. **non so proprio come scusarmi**：「どのように謝ればいいかまったくわからない」

# ESPRESSIONI RELATIVE ✉

Non so come scusarmi del fatto di non essere stato presente, quando sei venuta a trovarmi in ufficio. Che peccato non averti potuto incontrare!
せっかくオフィスに会いに来てくれたのに席をはずしていて、まったく申し訳なく何と言ってよいかわかりません。会えなくて本当に残念でした。

Mi dispiace immensamente, ma non ti ho potuto proprio rispondere entro ieri sera, come mi avevi chiesto. Ieri, infatti, mentre tornavo a casa dall'ufficio, ho avuto un incidente con la macchina e ho passato quasi tutta la nottata in ospedale.
昨夜のうちに返事するように頼まれていたのに返事できなくて、本当にごめんなさい。じつは、昨日仕事から家に帰る途中に自動車事故に遭ってしまったの。ほとんど一晩中、病院で過ごすことになってしまいました。

Non preoccuparti per la risposta. Piuttosto, come stai tu dopo l'incidente? Ti prego di riposarti per qualche giorno e non pensare al lavoro.
返事のことなら心配しなくていいんだよ。それより事故に遭ったなんて、具合はどうなんだ？ 何日かは休んだ方がいいよ。仕事のことは考えずに。

Scusami tanto, ma ho deciso di spostare il giorno del nostro incontro. Sono un po' giù psicologicamente, dopo che Luisa mi ha lasciato. Preferisco incontrarti quando starò meglio. Per te è lo stesso?
たいへん申し訳ないんだけど、僕たちの会う約束の日を延期したいと思うんだ。じつは、ルイーザにふられてから精神的にちょっと参ってる。君とは少し元気が出てから会いたいと思う。それでもいいかな？

Le vorrei chiedere se è possibile prolungare di qualche giorno la scadenza per la consegna del progetto. Ho dovuto fare delle modifiche importanti e non credo di riuscire a rispettare quella attuale.
じつは、例の設計の納期を数日遅らせていただけませんでしょうか。重要な修正を行う必要が出てきて、今決めてある納期に間に合わせることはおそらく無理なのです。

Non si preoccupi. Se si tratta solo di qualche giorno, non ci dovrebbero essere problemi. Mi avverta in tempo, in caso di ulteriori problemi.
ご心配にはおよびません。数日ということであれば、まず問題ないでしょう。それ以上支障が生じるような場合は、期限内にお知らせください。

# 5

## 依頼する・相談する

イタリア語のチェック、ホテルの紹介、アドバイスのお願いなど、何かを依頼したり相談したりする際の文例を見ていきます。こちらの意図を明確に伝えつつも、相手の都合を配慮するような表現を心がけましょう。メールの最後、日本語ではすべて「よろしくお願いします」となるケースでも、いろいろな表現を用いることができます。目上の人、初めての人に、頼みごとや相談をするのは難しいものです。失礼がないような言葉遣いが求められます。

# 1 イタリア語のチェックをしてくれる？

小論文の原稿のイタリア語チェックを友人にお願いするメールです。

---

oggetto: Richiesta di favore

Ciao Diego,

scusa se ti disturbo[1], ma vorrei chiederti un favore. Non è che[2] avresti un po' di tempo per correggermi questo tema? Dovrei spedirlo entro la settimana prossima per partecipare al concorso "Il miglior tema dell'anno sulla cultura italiana". Non è molto lungo. Te lo allego in questa email con un file in formato .doc creato con Word. Ti sarei molto grato[3] se me lo potessi correggere entro venerdì.

Ringraziandoti in anticipo per[4] la tua gentilezza, ti mando un forte abbraccio.

Kaneo

---

件名：お願い

面倒なことを言って申し訳ないんだけど、君に一つお願いがあるんだ。僕の小論文をチェックしてほしいんだけど、時間はあるかな。「イタリア文化に関する年間最優秀小論文」というコンクールがあって、それに応募しようと思ってるんだけど、来週中に原稿を送らないといけないんだ。そんなに長いものじゃない。ワードでつくったドキュメントのファイルをこのメールに添付して送ります。金曜までに直してくれるとありがたいけど。引き受けてくれるなら感謝するよ。よろしくお願いします。

### NOTA

1. **scusa se ti disturbo**:「君を煩わせて申し訳ない」
2. **non è che 〜**: francesismo（フランス語特有語法）という表現法。会話でよく用いられる語法。che の節が文の意味であり、否定の意味はない。
3. 〈se＋接続法半過去〉で「もしかりに」という条件を示す。主節は条件法現在。
4. **ringraziandoti in anticipo per 〜**:「〜について前もって感謝しつつ」

## 2 ホテルを紹介してくれる?

友人がイタリアのある町に行くことになり、そこに住むイタリア人の友だちに、良いホテルを紹介してくれるよう依頼します。いくつか条件を挙げます。

oggetto : Mi consigli un albergo?

Cara Lucilla,

come va la vita a Perugia[1]?
Ti scrivo per chiederti un favore[2]. Una mia amica dei tempi del liceo verrà a visitare la tua città e mi ha chiesto di darle il nome di un buon albergo. Io, purtroppo, non essendo mai stata[3] a Perugia, non ho saputo cosa risponderle. Allora, potresti consigliarmi tu una pensioncina, non troppo cara ma pulita e soprattutto sicura? Sai, la mia amica viaggia da sola. Inoltre, lei non parla l'italiano, quindi è importante che possa comunicare in inglese. Il prezzo della camera non dovrebbe superare i 30 euro a notte.

Ti ringrazio tanto.
Mirai

件名:ホテルを紹介してくれる?
そちらの調子はどう?
じつはお願いしたいことがあってメールします。高校時代の友だちが、あなたの住むペルージャに行くことになって、良いホテルがあれば教えてほしいと聞いてきたの。でも私はペルージャには行ったことがなくて、わからなくて困っているのです。それで、あなたに聞きたいんだけど、どこか良い所を知っていたら教えてくれる? 小さいホテルであまり値が張らず、清潔で、とくに安全な所がいいんだけど。女性の一人旅なのです。それから、彼女はイタリア語が話せないので、英語が通じることも大事です。値段は一泊30ユーロ以下を希望しています。どうかよろしくお願いしますね。

### NOTA
1. 原文は「ペルージャでの生活はどんなふうに進んでる?」。la vita が主語。
2. **ti scrivo per chiederti un favore.**:「お願いごとをするために書いています」
3. non essendo mai stata : 近過去のジェルンディオ。理由を表す。

## 3 サッカーの試合を一緒に見に行ってくれる？

サッカーの試合を見にイタリアに行きます。イタリア人の友だちに一緒に試合に行ってくれるよう頼み、だめならチケットを買ってくれるよう依頼します。

---

oggetto : Partita Inter-Palermo

Caro Nicola,

come va la vita?
Scusa se ti scrivo così all'improvviso, ma ho una richiesta da farti[1]. Verresti[2] con me allo stadio a vedere la partita dell'Inter contro il Palermo? Io penso di venire in Italia esclusivamente per vederla, perché non ho mai assistito a un incontro dal vivo. E poi l'Inter è la mia squadra del cuore, oltre al fatto che[3] questa è la partita più importante di tutto il campionato. Ti prego, vieni con me! Se proprio non puoi venire, mi faresti il grandissimo favore di comprarmi un biglietto? Poi, naturalmente, ti restituirò i soldi.

Allora aspetto una tua risposta. Ciao!
Koji

---

件名：インテル対パレルモの試合
調子はどう？
突然メールして申し訳ないんだけど、君にお願いがあるんだ。インテル対パレルモの試合を一緒に見に行ってくれないかな。この試合を見るためにイタリアに行こうと思ってるんだ。サッカーの試合を生で見たことはないからね。今回はリーグ戦すべてのうちでもいちばん大事な試合だし、それにインテルは大好きで応援しているチームなんだ。頼むから一緒に行こう！ もし一緒に行くのがだめなら、悪いけどチケットだけでも買ってくれるかな。もちろんお金は後で返すよ。じゃあ返事を待ってる。

### NOTA
1. **ho una richiesta da farti**：「君に対してするべき頼みごとを持っている」
2. **verresti**：条件法現在。「もしできるなら」の意味が含まれる丁寧な依頼の表現。
3. **oltre al fatto che ～**「～という事実に加えて」

## 4 先方に電話で確認してくれる？

イタリアで開かれる講座にメールで申し込みをしましたが、何度催促しても返事が来ません。イタリア在住の友人に電話してくれるよう依頼します。

---

oggetto: Richiesta di verifica

Caro Giovanni,

sono costretto a[1] disturbarti per chiederti un favore enorme. Ho in programma di venire in Italia per frequentare un corso di cucina che dovrebbe durare qualche mese. Ho compilato la domanda d'iscrizione che bisognava spedire via email e l'ho inviata all'indirizzo elettronico indicato, ma non mi è arrivata nessuna risposta o conferma d'iscrizione. Potresti essere così gentile da[2] telefonare all'istituto che organizza il corso e chiedere se la mia email è arrivata e se mi hanno iscritto? Il numero di telefono è 02-374XXX. Ti sono molto grato[3] e scusami per il disturbo.

In attesa della tua risposta, ti invio un grosso grazie[4].
Ryu

---

件名：確認のお願い

じつは君にどうしてもお願いしないといけないことがあるんだけど。イタリアで数か月の料理講座があるので、それに通うために今度イタリアに行くんだ。申し込みはメールで送らないといけなくて、記入して、指定のアドレスに送ったんだけど、申し込みの承認もないし何の返事も来ない。そこで君にお願いなんだけど、その講座を企画している学校に電話して、僕のメールを受信してちゃんと入学登録ができているかどうか聞いてもらえるかな。番号は、02-374XXX。面倒なことを頼んで申し訳ないけど、本当に助かるよ。ありがとう。では返事を待っています。

### NOTA
1. **sono costretto a** 〜「〜せざるを得ない」「〜することを余儀なくされている」
2. **potresti essere così gentile da** 〜：直訳は「〜するほど親切でいてくれる？」
3. **ti sono molto grato**：「君にとても感謝している」。「私」が女性なら grata。
4. **un grosso grazie**：この場合 grazie は男性単数名詞（✉5 の NOTA 4 参照）。

## 5 友だちを案内してあげてくれる？

友だちがイタリアに行くことになったので、「彼女を案内してあげてくれる？」というお願いをする文面です。

---

oggetto : Ti piacerebbe[1] fare la guida?

Cara Leila,

scusami se mi faccio sentire[2] solo quando ho bisogno di qualcosa. Ti scrivo per chiederti un favore. Tamaki, una mia carissima amica, verrà in Italia il mese prossimo per una vacanza. Ha deciso di visitare anche Palermo, la tua stupenda città. Io le ho raccontato della nostra amicizia e lei mi ha chiesto se la puoi portare in giro per qualche giorno. Sei disposta a farlo? Te ne sarei veramente grata[3]. A Tamaki interessa molto la cucina italiana, quindi se riuscissi a farle visitare qualche mercato della città, come la Vucciria o Ballarò, sarebbe stupendo.

Grazie infinite[4], anche se in anticipo.
Norika

---

件名：友人の案内のお願い

いつも頼みごとをするときだけメールするみたいで申し訳ないんだけど、今回もお願いがあります。私の親友のたまきという女性が、来月休暇でイタリアに行くの。あなたの住むすてきなパレルモの町も訪れる予定にしています。あなたと私が友だちだという話を彼女にしたところ、何日かあなたに案内してもらえないだろうかと聞いています。付き合ってあげることはできる？　そうしてもらえるなら本当に感謝します。たまきはイタリア料理にとても興味があるので、ヴッチリアやバッラロなどの市場に連れて行ってあげると、すごく喜ぶと思います。お世話になるけど、よろしくお願いします。

### ✎ NOTA
1. **ti piacerebbe 〜**：「〜してもらえる？」という丁寧な依頼の表現。
2. **mi faccio sentire**「自分の元気な声を聞かせる」意から転じて「連絡する」
3. **te ne sarei grata**：(そうしてくれたら) そのことを感謝する。ne が「そのことを」
4. **grazie infinite**：この場合 grazie は女性複数名詞。infinito が合わせて変化。

## 6 大歓迎よ  ↰✉5 (p.84)

✉5に対する返事。今後の連絡方法を相談します。同時に、持ってきてもらいたい食材について知らせます。

---

oggetto : Re: Ti piacerebbe fare la guida?

Carissima Norika,

sarò felicissima di portare in giro per Palermo la tua amica Tamaki. Le farò vedere i luoghi più caratteristici, compresi i mercati Ballarò, la Vucciria e il Capo. Se c'è qualcosa che lei desidera in particolare, mi potresti avvertire in anticipo? Così mi informo[1] dove si può trovare. Mi dovresti anche dare il suo indirizzo email per poter comunicare direttamente con lei. Oppure preferisci che[2] prima io scriva a te e poi tu avverti lei? Per me è lo stesso.
In cambio potresti darle del wasabi e degli umeboshi da portarmi? Sai quanto mi piacciono!

A risentirci.
Leila

---

件名:Re:友人の案内のお願い

パレルモであなたの友だちのたまきを案内する件、喜んで引き受けます。バッラロやヴッチリア、カーポの市場も含めて、珍しい場所に連れて行ってあげようと思っています。何かとくに欲しい物があるならあらかじめ知らせてくれる？ どこに売っているか調べておきます。それから、今後直接連絡がとれるように彼女のアドレスを教えて。それともあなたに送ってから転送してもらう方がいい？ 私はどちらでもいいです。私の方もお願いなんだけど、彼女が来るとき、わさびと梅干を少し持ってきてもらっていい？ あなたも知ってるとおり、私の大好物なの！

### NOTA
1. mi informo「情報を得ておく」「調べる」「聞いておく」
2. preferisci che ～：che の節の動詞は接続法を用いる。

## 7 イタリア人へのおみやげは何がいい？

イタリア出張の際、初めて会うイタリア人におみやげを持っていきたいが、どんなものが喜ばれるかを日本通のイタリア人の友人に相談します。

---

oggetto : Un souvenir per gli italiani

Ciao Marta,

ti vorrei chiedere un consiglio[1]. Tu, che sei italiana ma conosci bene anche la cultura e i prodotti giapponesi, mi sapresti dire[2] che tipo di souvenir renderebbe felice un italiano? Durante il mio prossimo viaggio di lavoro in Italia, dovrò incontrare per la prima volta la famiglia di un nostro fornitore e non so proprio cosa portare. Secondo te cosa potrebbe fargli piacere?

In attesa di una tua risposta, ti invio un grosso bacio.
Reina

---

件名：イタリア人へのおみやげについて
あなたにアドバイスしてほしいことがあってメールします。あなたはイタリア人だけれど、日本文化や日本のものについてもよく知っているわよね。イタリア人にはどんなおみやげが喜ばれると思う？ じつは、今度イタリアに出張するんだけど、その際にわが社の業者さんの家族に初めてお会いすることになるはずなの。それで何を持っていったらいいか、まったく思いつかないのです。あなたは何が喜んでもらえると思う？ 返事待っています。

### 📨 NOTA
1. **ti vorrei chiedere un consiglio**：「君にアドバイスをお願いしたいんだけど」
2. **mi sapresti dire**：「私に言ってくれることができる？」。dire の後の che は接続詞ではなく、che tipo（どんな種類の）という疑問詞であることに注意。

# 8 ご紹介いただけないでしょうか？

企画中の講演会に際して適当な講演者を紹介してもらえるか、以前名刺交換をしたイタリア人に相談します。自分が誰であるかを説明する文から始めます。

---

oggetto : Richiesta di presentazione di un conferenziere

Gent.mo Dott. Mario Guidi,

non so se si ricorda di me[1]. Mi chiamo Tsubasa Nijima. Ci siamo incontrati in occasione della conferenza[2] che Lei ha tenuto l'anno scorso a Milano sui pro e i contro dell'energia nucleare. È lì che ci siamo scambiati i biglietti da visita. Qui in Giappone siamo molto sensibili al problema dell'utilizzo dell'energia nucleare ed è per questo che io e la mia associazione stiamo organizzando una serie di conferenze sul tema. La prima conferenza si terrà a Tokyo il prossimo settembre e io desideravo chiederLe se conosce qualche esperto in materia disposto a farla. Nel caso non parlasse il giapponese, mi impegnerei a procurare un traduttore.

Scusandomi per questa improvvisa richiesta, Le invio i miei più cordiali saluti.
Tsubasa Nijima

---

件名：講演者紹介のお願い
ご記憶にはないかもしれませんが、新島翼と申します。昨年ミラノで開催なさった、原子力エネルギーの是非をテーマとした講演会でお目にかかり、名刺を交換させていただきました。日本では、原子力エネルギー使用の問題について、国民は非常に強い関心を持っています。そこで、私どもの協会では、このテーマで数回に分けて講演会を企画しているところです。初回は、来たる9月に東京で開催します。その講演会でお話しいただけるような専門家の方を、どなたかご存じでしょうか。日本語をお話しにならない場合は、私どもの方で通訳をご用意したいと思います。
突然のお願いでまことに恐縮ですが、なにとぞよろしくお願い申しあげます。

### NOTA
1. **non so se si ricorda di me**：「私のことをご記憶かどうかわかりませんが」
2. **ci siamo incontrati in occasione di 〜**：「我々は〜の機会に会っています」

## 9 本をご紹介いただけますか？

学生がイタリア人の先生に本を紹介してくれるよう依頼します。好みやレベルを明確に説明して、丁重にお願いします。

---

oggetto : Presentazione di un libro di storia italiana

Gentile Professor Giliberti,

mi chiamo Michika Sugiyama e sono una studentessa che ha partecipato alle Sue lezioni d'italiano, l'anno scorso. Vorrei chiederLe se mi può[1] consigliare il titolo di un libro di storia, materia che io amo molto. Purtroppo non sono ancora molto brava a leggere direttamente in italiano, quindi il libro dovrebbe essere abbastanza facile, magari un libro di testo per la scuola media. Inoltre, se Lei è a conoscenza di[2] un sito su Internet che presenta titoli di libri di scuola media, mi potrebbe avvertire[3]?

RingraziandoLa anticipatamente[4], Le invio un cordiale saluto.
Michika Sugiyama

---

件名：歴史の本の紹介
昨年、先生のイタリア語の授業を履修した学生の杉山美智香です。私は歴史がとても好きなので、先生に歴史の本をご紹介いただけないかと思いました。ただ、私の語学力はまだ歴史書をイタリア語で読みこなせるほど高くはありません。ですので、かなり簡単な本、たとえば中学校の教科書ぐらいの本がよいかと思います。それから、中学生向けの本を紹介したサイトをご存じでしたら、お教えいただけますか。どうぞよろしくお願いいたします。

### NOTA

1. **vorrei chiederLe se mi può ～** :「私に～していただけるかどうかをお聞きしたいと思います」。～してくれるよう丁寧にお願いする表現。
2. **se Lei è a conoscenza di ～** :「～についてご存じでしたら」
3. **mi potrebbe avvertire?** :「私にお知らせいただけますか」
4. **ringraziandoLa anticipatamente** :「前もってあなたに感謝しつつ」。anticipatamente は ✉1 の in anticipo と同じ意味。

## 10  研究会に参加させていただけますか？

日本人留学生がイタリア人の教授に宛てたメールです。履修教科の先生ではないので、紹介を受けていることを伝え、意図を明確に説明します。

oggetto : Richiesta di partecipazione al convegno

Gent.mo Prof. Pietro Chiaretti,

mi scusi per questa email così improvvisa[1]. Sono uno studente giapponese iscritto alla Facoltà di Letteratura della Sua università. Il professor Luigini, che è il mio professore ma è anche un Suo collega, mi ha dato il Suo indirizzo email, dicendomi che avrei potuto mettermi in contatto con[2] Lei per un consiglio. Le spiego il mio problema. Io studio letteratura italiana, ma sono molto interessato anche alla letteratura giapponese e per questo vorrei partecipare al prossimo convegno dell'Associazione Italiana per gli Studi di Letteratura Giapponese, di cui so che Lei è il Presidente, che si terrà a Bologna il mese prossimo. Sarebbe possibile?

Sperando in un Suo gentile interessamento, Le invio i miei più cordiali saluti.
Ko Teramichi

件名：研究会への参加のお願い
突然メールをお送りする失礼をお許しください。私は、この大学の文学部に留学している日本人の学生です。先生のご同僚であり、また私の指導教官でもあるルイジーニ教授が、アドレスを教えてくださり、キアレッティ先生に直接連絡をとってご意見をお聞きするようにと勧めてくださいました。私はイタリア文学を勉強しているのですが、日本文学にも非常に興味があります。そこで、先生が会長を務めておられる日本文学学会のイタリア総会が来月ボローニャで開催されるとのことですので、参加させていただきたいのですが、いかがでしょうか。どうかよろしくお願い申しあげます。

### NOTA
1. **mi scusi per questa email così improvvisa**：相手に初めてメールを送る場合、とくに相手から直接アドレスを教えてもらったのではない場合に使う表現。
2. **mettersi in contatto con** 〜：「〜と連絡をとる」

## ESPRESSIONI RELATIVE ✉

Desidererei ricevere nuovamente la Sua email, poiché quella che ho ricevuto ieri era piena di caratteri incomprensibili.
　昨日いただいたメールが文字化けで読めませんでしたので、おそれいりますがもう一度お送りくださるようお願いいたします。

Per caso, conosci qualcuno disposto a fare uno scambio culturale tra cultura italiana e cultura giapponese, senza che per questo voglia essere pagato?
　イタリアと日本の文化交流に携わりたいという人を誰か知らない？　無料でやってくださる人がいいんだけど。

Mi potrebbe presentare un italiano disposto a darmi lezioni private due volte alla settimana a casa mia e che non si faccia pagare troppo?
　プライベートレッスンをしてくださるイタリア人の方をご紹介いただけますか？週2回私の家に来てくださる方を希望しています。レッスン料はあまり多く差し上げられないのですが。

Vuoi essere così gentile da presentarmi dieci titoli dei romanzi da te più amati? Sto facendo un sondaggio e la tua opinione sarebbe molto preziosa.
　お願いがあるんだけど、好きな小説を10作品挙げてくれる？　今、統計をとっていて、あなたの意見はとても貴重なのです。

Sono veramente desolato, ma non saprei proprio chi presentarLe come possibile relatore per il Suo convegno. Potrebbe però rivolgersi al mio collega, il professor Ardizzone, il quale ha molte conoscenze.
　会議での発表者を誰か紹介するようご要請を受けていた件ですが、まことに申し訳ありませんが、適当な人が浮かびません。私の同僚のアルディッゾーネ教授は知己が多いですので、お聞きになるとよいかと思います。

Mi potresti dare un consiglio su come scrivere questa frase? Sono indeciso fra le due seguenti versioni e vorrei conoscere la tua opinione.
　この文をどんなふうに書いたらいいか、教えてくれる？　次の2つを書いてみたんだけど、どちらがいいか迷っています。アドバイスお願いします。

## 6 予定・企画を調整する

友だちとの約束、会議の日程調整、イベントの企画立案・実施など、もっとも頻度の高いシチュエーションです。日程や時間、内容や条件など、互いに質問をしたり、選択肢を提示したりしながら、徐々に絞りこんでいき、最終的な結論に導いていきます。企画書の書き方も重要ですので、参考にしてください。予期せぬできごとや突然の変更などにも対応しなければなりませんから、そうした場合の表現も学んでいきましょう。

# 1 4人で会いましょう

友人のイタリア人夫婦が再来日するので、夕食会を企画します。✉1から✉4は続きものの同報送信です。

---

oggetto: Cena

Cari Luigi e Chiara (Cc. Paolo),

che bello sapere che[1] tornate in Giappone! Avevo proprio una gran voglia di rivedervi! Durante la vostra permanenza dobbiamo assolutamente incontrarci. Se voi sarete a Tokyo per il 25 luglio, pensavo di invitarvi a cena. Ho chiesto anche a Paolo di venire. Mi ha detto che anche lui sarebbe felicissimo di vedervi. In caso di risposta affermativa, mi potreste anche scrivere che cosa vi piace[2] e che cosa, invece, non potete mangiare? Così io potrò organizzare in anticipo[3] la cena in un locale adatto.

Aspetto una vostra risposta. Un caro saluto.
Tomomi

---

件名：夕食会

あなたたちが日本に帰ってくるなんて、なんてすてきなんでしょう！ また会えたらいいなとずっと思っていました。日本にいる間に絶対会わないとね。7月25日に東京にいるなら、夕食会をしたいと思っています。パオロにも来てくれるよう言いました。彼も、あなたたちに会えたらすごくうれしいと言っています。もし夕食会に来てくれるなら、料理は何が良いか教えてね。それから、食べられないものがあれば言ってください。それで、適当なお店を探していいかしら？ 返事を待っています。

## ✎ NOTA

1. che bello sapere che ～：感嘆文。「～という知らせに接するのはなんてすてきなんでしょう！」
2. mi potreste scrivere che cosa vi piace：食べ物などの好みをあらかじめ聞く時に使える表現。「何が好きか、私に書いてきてくれる？」。相手が一人なら potresti、vi の代わりに ti。
3. in anticipo「前もって」「あらかじめ」

## 2 日程は大丈夫です　　✉1 (p.92)

✉1に対するイタリア人夫婦からの返事。自分たちのスケジュールと滞在ホテルを伝え、食べたいものの希望も伝えます。

---

oggetto: Re: Cena

Ciao Tomomi (Cc. Paolo),

grazie per la premurosa risposta e per l'invito. Certo che ci farebbe piacere[1] andare a mangiare fuori con te! Se poi viene anche Paolo, saremo ancora più felici. Sì, il 25 luglio siamo ancora a Tokyo, poi ci sposteremo nel Kansai. Questo giorno coincide anche con[2] il compleanno di Luigi, quindi sarebbe proprio bello mangiare in un ristorantino carino e tranquillo. A noi piace molto la cucina giapponese, anche se non riusciamo a mandare giù il pesce crudo e le alghe. Il nostro albergo è il Sun Hotel, lo conosci? Comunicaci i particolari dell'incontro[3] (nome del ristorante e orario) e spiegaci come fare per arrivarci.

A presto, allora.
Chiara e Luigi

---

件名:Re: 夕食会
心のこもったお返事のメールをありがとう。夕食会のお誘い、感謝します。一緒に外食できるのならもちろんうれしいです。パオロも来てくれるなんて、ますます楽しみです。7月25日ならまだ東京にいます。その後は関西に行く予定なのですが。それになんと、25日はルイージの誕生日なのです。静かでこじんまりした感じの良い店で食事ができると最高です。私たちは和食がとても気に入っています。刺身と海苔だけはどうしても苦手なんだけど。滞在先は、サンホテルという所です。ご存じかしら？ 夕食会の詳細（店の名前と時間）をまた知らせてください。行き方も教えてくださいね。

### NOTA
1. 〈**ci farebbe piacere** ＋動詞の原形〉：差出人が単独なら ci の代わりに mi。
2. questo giorno coincide con 〜　「その日はたまたま〜に当たっている」
3. **comunicaci i particolari di** 〜：「〜についての詳細を知らせて」。comunica は命令形。差出人が単独なら ci の代わりに mi。

# 3 空港近くだと都合がいいです   ✉1, 2 (pp.92-93)

✉1および✉2に対するパオロの返事です。その日に出張から帰るので、空港近くの店にしてくれるようリクエストします。

---

**oggetto:** Re: Cena

Cari Tomomi, Luigi e Chiara,

sono veramente felice d'incontrarvi, perché è proprio da tanto che non ci vediamo[1]. Anche per me va bene il 25 luglio, però quel giorno sono di ritorno da un viaggio d'affari, quindi vi pregherei di scegliere[2] un ristorante vicino all'aeroporto, così potrò raggiungervi senza grossi problemi. Sapete, Tokyo è molto grande e spostarsi richiede sempre tanto tempo.

A risentirci presto.
Paolo

---

件名:Re: 夕食会
君たちに会えるなんてすごくうれしいよ。本当に久しぶりだからね。僕も7月25日は大丈夫なんだけど、ただ、その日に出張から帰ってくる予定なんだ。だから、空港の近くの店にしてもらえると、それほど遅れずに行けるのでありがたいんだけど。承知のとおり、東京は広くていつも移動に時間がかかってしまうからね。

## ✉ NOTA

1. **è proprio da tanto che non ci vediamo**：「本当に久しぶりだ」という表現。実際に顔を合わせた時にも使える。その場合にも non ci vediamo の部分に現在形を用いることに注意。
2. **vi pregherei di scegliere 〜**：「君たちに〜を選んでくれるようにお願いしたいんだけど」。条件法を用いて丁寧にリクエストを伝える表現。

# 4 決定しました　　✉2, 3 (pp.93-94)

✉2と✉3をふまえ、日時とお店を決定しました。3人に同時に知らせます。自分の携帯電話の番号も伝えます。

---

oggetto : Re:Re: Cena

Cari Luigi, Chiara e Paolo,

cercando di venire incontro alle vostre esigenze, ho trovato un locale vicino all'aeroporto. Si chiama "Shogun" e se cercate sul web shogun.jp, troverete il suo sito. Per quanto riguarda[1] l'orario, penso che ci potremmo incontrare alle 19:00. Per voi va bene? Per qualsiasi evenienza, il mio numero di cellulare è: 090XXXXXXX.

Luigi, Chiara,
vi verrò a prendere direttamente in albergo, non preoccupatevi. Poi andremo insieme al ristorante. Qui si possono ordinare tanti piatti oltre al pesce crudo, quindi non credo che avrete problemi.

Paolo,
con te, invece, ci vediamo direttamente al ristorante. Ti va bene[2] l'orario?

Un abbraccio a tutti.
Tomomi

---

件名：Re: Re: 夕食会
あなたたちのリクエストに合わせて探してみて、空港近くの店を見つけました。「将軍」というところで、ネットのアドレス shogun.jp でサイトを見ることもできます。時間は19時でよいと思うのですが、どうですか？　何かあれば携帯に電話してください。番号は090XXXXXXX です。
ルイージとキアーラ、あなたたちはホテルに迎えに行きますので大丈夫です。一緒に行きましょう。それからその店は、刺身以外にもいろいろな料理があるので、問題はないと思います。
パオロ、あなたとは、直接現地で会いましょう。時間が大丈夫だといいけど。

### 📝 NOTA
1. **per quanto riguarda 〜** :「〜に関しては」。✉5 の riguardo a 〜 もほぼ同じ意味。
2. **ti va bene 〜 ?** :「〜はこれでいい？」「〜は大丈夫？」

# 5 会議の日程を調整します

会議の日程を調整するため、参加者に候補の日時を3つ提案し、希望を選んで連絡してくれるよう伝えます。

---

oggetto : Convocazione riunione

Cari colleghi,

vi scrivo per la convocazione della prossima riunione del collegio dei docenti. In essa[1] si affronteranno argomenti concernenti[2] la scelta dei libri di testo da utilizzare durante il prossimo anno accademico e la programmazione didattica delle lezioni.
La riunione durerà un'ora e trenta minuti circa. Riguardo alla scelta del giorno, desidererei conoscere la disponibilità di tutti i docenti. Dovreste, quindi, comunicarmi, entro lunedì prossimo, la vostra preferenza sui seguenti giorni: ① martedì 27 giugno, ore 13:30; ② giovedì 5 luglio, ore 15:00; ③ venerdì 6 luglio, ore 16:30. Il luogo previsto per la riunione è l'aula magna del nostro istituto.

Cordiali saluti.
Il Dirigente Scolastico
Prof. Paolo Terzi

---

件名：会議のお知らせ
次回の講師会会議についてお知らせ申しあげます。議題は、来年度使用する教科書の選択および授業のカリキュラムです。会議の時間は約1時間半を予定しております。つきましては、日程を決めるために、すべての先生方にご都合の良い日時をご連絡いただきたく存じます。以下からご希望の日時をお選びいただき、来週月曜までにお知らせください。
①6月27日（火）13時30分　②7月5日（木）15時　③7月6日（金）16時30分。会議の場所は本学講堂の予定です。

### NOTA

1. in essa：essa は女性単数名詞に代わる代名詞。ここでは riunione（会議）。
2. si affronteranno argomenti concernenti 〜：si は受身の用法。affrontare は「取り組む」「話し合う」。concernente「〜に関する」。argomenti に合わせて変化。

# 6 再度調整します

✉5に対して全員の返事が来ましたが、スケジュールがうまく合いません。再度別の選択肢を挙げて調整を図ります。

---

**oggetto:** Convocazione riunione

Cari colleghi,

vi ringrazio per avere dato la vostra disponibilità a partecipare alla riunione del collegio dei docenti e a comunicarmi la vostra preferenza riguardo alla data. Non è stato, purtroppo, possibile trovare un giorno adatto a tutti. In considerazione di ciò[1], con la presente email vi invio due nuove possibili date. Vi prego di scegliere quella a voi più idonea[2]. Nel caso in cui non tutti i docenti siano disponibili per queste nuove date, la scelta del giorno ricadrà su quello favorevole al maggior numero di docenti. Le nuove date proposte sono: mercoledì 4 luglio, ore 16:30; sabato 7 luglio, ore 14:00. Agli assenti verrà inviata un'email con il verbale della riunione contenente gli argomenti trattati.

Sperando in una vostra numerosa partecipazione, cordiali saluti.
Il Dirigente Scolastico
Prof. Paolo Terzi

---

件名:会議のお知らせ
講師会会議ご参加の旨、およびご都合の良い日時のご連絡をいただき、ありがとうございます。あいにく、すべての先生方にとってご都合の良い日時がありませんでした。つきましては、ここに新たに選択肢を二つ提示して、あらためてお尋ねいたします。ご希望の日時をお選びください。今回の選択肢でもすべての先生方のご希望の日時が合わない場合は、より多くの先生方がお選びになった方の日時といたします。新たな選択肢は、7月4日（水）16時30分と、7月7日（土）14時です。なお欠席者には、会議の内容を添付したメールを後日お送りいたします。多数の先生方にご参加いただけますようお願い申しあげます。

### 📝 NOTA

1. **in considerazione di ciò**：「そのことを考えて」
2. quella a voi più idonea「あなた方にとってより適切な」。quella は la data を指す。

## 7 セミナー講師についての相談

セミナーの開催を予定していて、旧知のイタリア人に、講師として招聘したい教授に打診してくれるようお願いするメールです。✉20まで一連のやりとりです。

---

oggetto : Richiesta in relazione a seminario

Caro Silvano,

ti scrivo per chiederti un favore. Fra sei mesi ho in programma di dare inizio a un seminario sull'olio d'oliva qui a Kyoto. Sarei molto felice di invitare quella professoressa specializzata sull'argomento, di cui mi hai fatto il nome l'ultima volta che ci siamo visti. Dal momento che c'è ancora abbastanza tempo prima dell'inizio del seminario, potresti informarti se eventualmente[1] fosse interessata al mio invito? Da quel poco che[2] ti ho sentito dire, mi sembra la persona più adatta a tenere la conferenza straordinaria prevista nel seminario che sto organizzando.

Ti ringrazio anticipatamente per il tentativo e non ti dare pensiero[3] nel caso in cui la risposta fosse negativa. Un caro saluto.

Kazuhito Ota

---

件名：セミナーに関するお願い

お願いしたいことがあってメールします。6か月後に京都でオリーブオイルに関するセミナーを開催する予定があります。ついては、前に会った時君が話していたあの専門家の先生にお越しいただけたらと思っています。セミナー開催までまだかなり時間があるので、興味がおありかどうか、ご意向を聞いていただけないでしょうか。君が話していたのをちょっと聞いただけですが、今回企画しているセミナーの特別講義の講師として、最も適任の方だと思うのです。お世話になりますが、よろしくお願いします。もし先生がお断りになっても、気にしないでください。

### ✉ NOTA

1. **eventualmente**「ひょっとして」。仮定の節のなかでよく用いられる。
2. **da quel poco che** 〜：「〜のわずかの情報から判断すると」の意味。
3. **non ti dare pensiero**：darsi pensiero「気にする」「心配する」の否定命令形。

# 8　セミナーへの招聘

✉7で相談を受けた友人が、教授にセミナーへの参加を打診します。

---

oggetto : Invito a seminario

Gent.ma Prof. ssa Livia Gervasi,

non so se si ricorda di me, ma ci siamo incontrati al convegno sull'agricoltura biologica tenutosi a Firenze la scorsa primavera.
La disturbo perché ho una richiesta da farLe da parte di[1] un mio caro amico, il dott. Kazuhito Ota. Sarebbe disposta a tenere una conferenza in Giappone, in occasione di un seminario sull'olio d'oliva organizzato dall'Associazione Giapponese Agricoltori per l'Ecologia? Il dott. Ota è il segretario di questa associazione, nonché il responsabile dell'organizzazione del seminario in questione, che si terrà a Kyoto fra sei mesi. Nel caso fosse interessata[2], La prego di comunicarmelo al più presto.

Sperando nell'accoglimento del presente invito, Le invio i miei migliori saluti.
Silvano Bonanno

---

件名：セミナーへの招聘
先生はご記憶かどうかわかりませんが、私は、昨年春にフィレンツェで開催されたバイオ農業会議でお目にかかった者です。
失礼とは存じますが、私の友人の太田和仁氏から先生にご依頼したいことがあり、代わってメールをお送りします。日本エコロジー農業協会という組織が主催するオリーブオイルに関するセミナーが日本であるのですが、そこでの講義をお願いできますでしょうか。太田氏はその協会の幹事で、6か月後に京都で開催されるそのセミナーの企画責任者です。ご興味がおありでしたらなるべく早くお知らせくださるようお願いいたします。この招聘をぜひお受けくださいますよう、よろしくお願い申しあげます。

## 📝 NOTA

1. **ho una richiesta da farLe da parte di ～**：直訳は、「～からあなたにするべき依頼事項を私が持っている」。別の人に代わってお願いするときに用いる表現。
2. 〈nel caso che ＋節〉の che が省略されている。節の動詞は接続法を用いる。

## 9  Re：セミナー講師についての相談　　7 (p.98)

7への返事。打診してみた結果、「興味があるので、直接連絡をいただきたい」との答えを得ました。教授の住所やメールアドレス、概況などを伝えます。

---

oggetto: | Re: Richiesta in relazione a seminario

Caro Kazuhito,

ho provato a contattare, come da te richiestomi, l'esperta di olio d'oliva di cui ti avevo parlato in precedenza, la professoressa Livia Gervasi. Mi ha detto di essere interessata all'invito e per questo vorrebbe che ti mettessi direttamente in contatto con lei. Ti scrivo qui di seguito[1] il suo recapito e il suo indirizzo email:
Via Treviso n.XX, 12039, Pavia; liv_gervasi@XXXXXXX.
Fra sei mesi pare che non abbia grossi impegni di lavoro, quindi non dovrebbe essere difficile[2] mettersi d'accordo con lei circa il programma.
Ti auguro che il progetto vada in porto[3].

A presto.
Silvano Bonanno

---

件名:Re:セミナーに関するお願い
君からの依頼を受けて、リヴィア・ジェルヴァージ教授に連絡をとりました。以前に話していたオリーブオイルの専門家の先生です。招聘に興味がおありで、詳細を知りたいので直接連絡をいただきたいとのことです。以下が先生のご住所とアドレスです。Via Treviso n.XX, 12039, Pavia; liv_gervasi@XXXXXXX。6か月後なら大きな仕事を抱えていることはないだろうから、スケジュールのすり合わせが難航することはおそらくないでしょう。今回の企画が成功することを祈っています。

### NOTA
1. **qui di seguito**：「以下に」。qui は「ここに」。di seguito は「直後に」。
2. 〈**non dovrebbe essere difficile** ＋動詞の原形〉：「～するのは難しくはないはずだ」。
3. vada in porto：andare in porto（仕事などが）成功する。porto は「港、目的地」

# 10 セミナー講師のお願い

✉ 9のメールの紹介を受けて、日本人主催者が講師候補のイタリア人に初めてメールを送ります。次のページの企画書を添付します。

oggetto : Seminario sull'olio d'oliva. Richiesta di conferenza

Gentile Prof.ssa Livia Gervasi,

il mio caro amico Silvano Bonanno mi ha parlato di Lei, indicandoLa come la persona più adatta per la conferenza straordinaria prevista nel seminario sull'olio d'oliva che sto organizzando. Pertanto, desidererei invitarLa e sarei molto felice e onorato se Lei potesse accettare il mio invito. Come forse già saprà, il seminario si terrà a Kyoto fra sei mesi. Sarà incentrato sulle varie fasi di lavorazione e trattamento delle olive necessarie alla produzione dei vari tipi di olio, con particolare attenzione a quello extra vergine. Le allego, comunque, il file in versione Word contenente tutti i dettagli del programma.

Con la speranza di conoscerLa presto, Le invio i miei più cordiali saluti.
Il segretario dell'Associazione Giapponese Agricoltori per l'Ecologia
Kazuhito Ota

件名：オリーブオイルセミナー。講義のお願い
友人のシルヴァーノ・ボナンノ氏から先生のことをお聞きいたしました。現在、オリーブオイルに関するセミナーを企画しているのですが、その特別講義の講師として、先生が最も適任であろうということでした。つきましては、先生を日本にお招きしたく存じます。私どもの招聘をお受けいただけるなら光栄です。すでにお聞き及びと思いますが、セミナーは6か月後に京都で開催されます。内容としては、さまざまな種類のオイルの生産、殊にエキストラバージンオイルの生産に必要なオリーブの加工処理の工程を中心テーマに据えたいと考えています。詳細を記した企画書を、ワードのファイルとして添付してお送りいたします。
近いうちにお目にかかれることを願いつつ、ご返事をお待ち申しあげております。

# オリーブオイルセミナー企画書

✉ 10に添付する企画書です。セミナーの趣旨および概要、講師の先生に対する条件、滞在日程が明記されています。

> PROGRAMMA
> Seminario sull'olio d'oliva
>
>  Nella primavera del prossimo anno, 20XX, si terrà a Kyoto il Seminario sull'olio d'oliva, organizzato dall'Associazione Giapponese Agricoltori per l'Ecologia. L'argomento delle lezioni sarà incentrato sulle varie fasi di lavorazione e trattamento delle olive necessarie alla produzione dei vari tipi di olio, con particolare attenzione all'extravergine.
> **organizzato da**: Associazione Giapponese Agricoltori per l'Ecologia
> **periodo**: Dal 15 aprile al 5 giugno 20XX, ogni martedì e giovedì
> **orario**: dalle 10:00 alle 12:00
> **luogo**: Sala Conferenze dell'Associazione Giapponese Agricoltori per l'Ecologia, Palazzo XXXX Kawaramachi XXX, Sakyoku, Kyoto
> **relatori**: 4 specialisti giapponesi, con la straordinaria partecipazione della specialista italiana, prof. ssa Livia Gervasi (con interprete);
> **numero dei partecipanti**: numero massimo di 50 persone;
> **livello di preparazione richiesto**: ai partecipanti è richiesta una preparazione di base sull'argomento, trattandosi di un seminario di livello avanzato che fornirà spiegazioni specialistiche.
> \*\*\*\*\*\*\*\*\*\*\*\*\*\*\*\*\*\*\*\*\*\*\*\*\*\*\*\*\*\*\*\*\*\*\*\*\*\*\*\*\*\*\*\*\*\*\*\*\*\*\*\*\*\*\*\*\*\*
> **<u>Programma relativo alla prof.ssa Livia Gervasi</u>**
> **giorno e ora della conferenza**: 25 aprile, ore 10:00-12:00
> (è prevista una pausa di 10 minuti dalle 10:55 alle 11:05)
> **periodo di permanenza**: arrivo in Giappone 23 aprile (Aeroporto Kansai), partenza per l'Italia 28 aprile (Aeroporto Kansai), permanenza a Kyoto 5 giorni;
> **retribuzione**: 80.000 yen
> **spese di viaggio e permanenza**: biglietto aereo di andata e ritorno e spese hotel 4 stelle (5 giorni) pagati;
> **tema della lezione**: ancora da comunicare.

## 企画書
### オリーブオイルセミナー

来たる20XX年春、日本エコロジー農業協会主催のオリーブオイルセミナーが京都で開催されます。さまざまな種類のオイルの生産、殊にエキストラバージンオイルの生産に必要なオリーブの加工処理の工程に関することが、セミナーの中心テーマとなります。

主催：日本エコロジー農業協会
期日：20XX年4月15日から6月5日の毎週火曜日と木曜日
時間：午前10時から12時
場所：京都市左京区河原町〇〇、XXビル
　　　日本エコロジー農業協会内会議室
講師：日本人講師4名、特別講師としてイタリア人講師リヴィア・ジェルヴァージ先生（通訳付き）
受講者数：最大50名
受講者層について：受講者はテーマに関する基礎知識を持っていることを前提としているので、当セミナーは、専門的な内容の講義を提供する高度なレベルのものとします。
\*\*\*\*\*\*\*\*\*\*\*\*\*\*\*\*\*\*\*\*\*\*\*\*\*\*\*\*\*\*\*\*\*\*\*\*\*\*\*\*\*\*\*\*\*\*\*\*\*\*\*\*\*\*\*\*\*\*\*\*

特別講師リヴィア・ジェルヴァージ先生（Prof.ssa Livia Gervasi）に関する詳細

講義の日時：4月25日　午前10時から12時　（10時55分から11時5分まで10分間休憩の予定）
滞在日程：4月23日到着（関西空港）28日出発（関西空港）京都5泊
講師料：8万円
旅費・滞在費等：往復航空券および4ツ星クラスのホテルの滞在費用全額
講義のテーマ：検討中

## 11  Re：セミナー講師のお願い　↳✉10 (p.101)

イタリア人講師の快諾の返事のメールです。テーマや受講者、講演のスタイルについて、もう少し詳しい情報を提供してくれるようお願いします。

---

oggetto： Re: Seminario sull'olio d'oliva. Richiesta di conferenza

Gentile Dottor Kazuhito Ota,

La ringrazio vivamente per il Suo cortese invito. Sarò molto felice di tenere la conferenza straordinaria per il Suo seminario. Riguardo ad essa, desidererei ricevere alcune informazioni[1]. Intanto, vorrei sapere se è consentito l'utilizzo di[2] Power Point per la presentazione. Inoltre, desidererei sapere se l'interprete è in grado di[3] tradurre simultaneamente o se è necessario consegnare previamente il testo della conferenza, in modo che[4] possa essere tradotto in anticipo.

In attesa di una Sua gentile risposta, La saluto cordialmente.
Livia Gervasi

---

件名：Re：オリーブオイルセミナー。講義のお願い
このたびは貴協会主催のセミナーにお招きくださり、ありがとうございます。セミナーで特別講義ができることをうれしく思います。予定されている私の講義について、詳しくお尋ねしたい点があります。まず、講義でパワーポイントを使用することは可能でしょうか。それから、通訳者は同時通訳ができますか。それとも事前に訳を用意できるよう、講義の原稿を前もってお渡しする必要があるでしょうか。
ご回答よろしくお願い申しあげます。

### 🖉 NOTA

1. **desidererei ricevere alcune informazioni**：「いくつか情報をいただきたい」
2. **se è consentito l'utilizzo di ～**：「～の使用（利用）が認められるかどうか」
3. **è in grado di ～**：「essere in grado di ～」は「～できるだけのレベルである」
4. in modo che ～：che の節の動詞は接続法。「～するように」

# 12 ご快諾ありがとうございます　↳✉11 (p.104)

✉11に対する返事。✉11で尋ねられた質問に答えます。さらに、写真と略歴を期日までに送ってくれるよう依頼します。

---

oggetto : Re: Re: Seminario sull'olio d'oliva. Richiesta di conferenza

Gentile Prof.ssa Gervasi,

sono molto felice che Lei abbia accettato di tenere la conferenza straordinaria prevista dal nostro seminario. Per quanto riguarda il programma complessivo del viaggio, La prego di visionare il file allegato. Riguardo, invece, alle Sue domande, Le rispondo subito. Non ci sono assolutamente problemi in quanto all'utilizzo di Power Point. L'importante è che Lei porti con sé il supporto esterno USB da inserire nel computer che noi Le prepareremo. Inoltre, riguardo all'interprete, Le posso assicurare che, essendo un giapponese cresciuto in Italia, sarà perfettamente in grado di tradurre simultaneamente. Infine, Le dovrei chiedere di spedirmi, entro il 15 di questo mese, un Suo breve curriculum vitae e una Sua fotografia recente da inserire nel volantino del seminario. Per ulteriori domande, sono sempre a Sua disposizione.

Cordiali saluti.
Kazuhito Ota

---

件名：Re：Re：オリーブオイルセミナー。講義のお願い

私どものセミナーでの特別講義をお引き受けいただけるとのこと、本当にうれしく感謝しております。今後のスケジュールに関しては、添付ファイルをごらんくださるようお願いいたします。さて、お尋ねの件にお答えいたします。まずパワーポイントですが、まったく問題なくご使用いただけます。先生がUSBメモリを持参されれば、こちらで私どもが用意するパソコンに装着してご使用になれます。通訳に関しては、イタリア育ちの日本人通訳者ですので、間違いなく同時通訳が可能です。それから、セミナーのチラシに掲載するために、最近撮られたお写真および略歴を、今月15日までには着くようにお送りくださるようお願い申しあげます。他にもご質問があればご遠慮なくお尋ねください。

## 13 レジュメなどが届きません

✉12のメールで依頼したにもかかわらず、レジュメや写真、略歴が締切までに届いていません。丁寧に打診し、重ねて依頼します。

---

oggetto: Seminario sull'olio d'oliva. Richiesta di sommario e foto

Gentile Prof.ssa Gervasi,

come previamente concordato in una precedente email[1], mi aspettavo di ricevere entro il 15 di questo mese il sommario della conferenza che terrà per il nostro seminario qui a Kyoto, insieme a una Sua foto e un Suo breve curriculum vitae da utilizzare per il dépliant informativo del seminario. Nonostante[2] oggi sia giorno 31, non mi è ancora pervenuto il materiale che Le avevo richiesto. La invito[3], pertanto, a mettersi in contatto con me[4] il più presto possibile.

Nella speranza di[5] ricevere Sue notizie al più presto, Le invio i miei più cordiali saluti.
Kazuhito Ota

---

件名:オリーブオイルセミナー。レジュメと写真のお願い

先のメールでご了解いただいていたとおり、京都で開催される私どものセミナーの講義レジュメ、およびセミナーの案内パンフレットに使用するための先生のお写真および略歴をお送りくださるようお願いしており、15日までに着くだろうとお待ちしておりました。今日は31日ですが、お願いしていたこれらの物がまだ手もとに届いていません。つきましては、できるだけ早くご連絡を賜りますようお願い申しあげます。

### ✎ NOTA

1. **come previamente concordato in una precedente email**: previamente は「あらかじめ」。concordato は concordare(一致する、意見を合わせる)の過去分詞。
2. **nonostante**:「〜にもかかわらず」。節の中の動詞は接続法を用いる。
3. 〈**La invito a** +動詞の原形〉:「〜してくださるようあなたを促す」→お願いする。
4. **mettersi in contatto con** 〜:「〜と連絡をとる」
5. **nella speranza di** 〜: ✉10のように con を用いることもできる。

## 14 レジュメなどを再送します ⤺✉13 (p.106)

✉13への返事。サーバーの不調のため、送ったのに届かなかったようだという旨を述べます。申し訳ない思いを表しつつ、自分の非ではないことも伝えます。

---

oggetto: Re: Seminario sull'olio d'oliva. Richiesta di sommario e foto

Gentile Dottor Ota,

sono spiacente per il fatto che[1] il sommario della mia conferenza, la mia foto e il mio breve curriculum vitae non siano arrivati in tempo. Il 15 di questo mese, giorno da Lei stabilito per la consegna del materiale da Lei richiestomi[2], ho inviato il suddetto materiale, ma purtroppo pare non sia arrivato a causa di un mal funzionamento del mio server. Mi premuro di[3] rinviarLe il tutto oggi stesso, con la presente email. Mi scuso per l'inconveniente, nonostante non sia dipeso da me[4].

Cordiali saluti.
Livia Gervasi

---

件名:Re:オリーブオイルセミナー。レジュメと写真のお願い

講義レジュメと写真、略歴が期日までに届いていない旨をお聞きして、申し訳なく思っております。ご依頼のあった物をお送りする期日が今月の15日でしたので、じつはその日にお送りいたしました。しかし、おそらくこちらのサーバーの不具合が原因と思われ、そちらには届いていないようです。今日このメールに添付して、すべて急ぎ再送いたします。不測の不具合が原因とはいえ、ご迷惑をおかけすることになり、申し訳ありませんでした。

### 📝 NOTA

1. **sono spiacente per il fatto che** ～:「～ということを遺憾に（残念に）思います」
2. **il materiale da Lei richiestomi**:「あなたから私に依頼されたもの」。語法に注意。
   過去分詞 richiesto に間接補語 mi（私に）をつけて、形容詞的に用いる。
3. **mi premuro di** ～:「premurarsi di ～」は「急いで～するよう手を打つ」の意。
4. **nonostante non sia dipeso da me**:直訳は「私（の非）によるものではないが」

## 15　夫を同伴してもいいでしょうか？

イタリア人講師が、夫を同伴したい旨を伝えてきます。夫の航空運賃は自費で払うが、部屋の変更を依頼。さらに、京都市内ツアーについて問い合わせます。

---

oggetto : Richiesta inerente al Seminario sull'olio d'oliva

Gentile Dottor Ota,

desidero chiederLe se è possibile[1] che[2] io venga a Kyoto insieme a mio marito. Le spese del volo di mio marito saranno, naturalmente, pagate da noi[3]. Desideravo, però, chiederLe, se è possibile cambiare la camera dell'albergo prevista per me, da singola a doppia. Inoltre, io e mio marito Le saremmo molto grati, se ci potesse indicare un Tour organizzato per la città di Kyoto, possibilmente in lingua inglese per turisti stranieri, previsto per i due giorni successivi alla mia conferenza, poiché ci farebbe molto piacere visitare la città.

La ringrazio cordialmente.
Livia Gervasi

---

件名：オリーブオイルセミナーに関してお願い

じつは一つお願いしたいことがあるのですが、今回京都に夫を同伴してもよろしいでしょうか。もちろん夫の分の渡航費用は自費といたします。それで、私のためにおとりいただいているホテルの部屋を、もし可能でしたらシングルからツインに変えていただきたいのです。それから、京都市内をめぐる観光ツアーがあれば、お教えいただけるとありがたく存じます。できれば外国人向けの英語のツアーで、私の講義の翌日とその次の日の2日間というのが希望です。せっかくの機会ですので、町の観光もできればと考えています。

### 📝 NOTA

1. **desidero chiederLe se è possibile**：「可能かどうかお尋ねしたいのですが」。相手の都合も尊重しつつ自分の希望を丁寧に伝えるのに用いられる表現。
2. **se è possibile che 〜**：このように che の節（動詞は接続法）を後続させる用法の他に、3行目のように動詞の原形を後続させる用法がある。
3. **le spese saranno pagate da noi**：「費用は我々により払われる」→自分持ちである。

# 16 Re: 夫を同伴してもいいでしょうか？ ↵ ✉15 (p.108)

✉15に対する許諾の返事。ツアーはあるが、もしよければ自分たちがアテンドするという旨を伝えます。

---

oggetto : Re: Richiesta inerente al Seminario sull'olio d'oliva

Gentile Prof.ssa Gervasi,

saremo molto felici di accogliere anche Suo marito. Ci occuperemo del[1] cambiamento della Sua camera d'albergo, da singola a doppia. Riguardo al Tour turistico di Kyoto, anche se ce ne sono diversi, probabilmente riusciremo a organizzarci in modo da[2] accompagnarVi noi, cioè io o qualche altro membro della nostra Associazione. Quindi Vi prego di non preoccuparVi. Sarà sufficiente la Vostra presenza qui. Per qualsiasi altra richiesta, sono sempre a Sua disposizione[3].

Distinti saluti.
Kazuhito Ota

---

件名：Re：オリーブオイルセミナーに関してお願い
ご主人様も京都にお越しいただけるとのこと、とても喜んでおります。ホテルの部屋をシングルからツインに変更する件、承知いたしました。さて、京都の観光ツアーでしたらいくつかあります。ですが、京都の町をご案内するのであれば、私かあるいは協会の者が誰かお引き受けできますので、お任せいただいてよいかと思います。どうかご心配なくお越しになり、ご滞在くださいますように。他にも何かご希望がおありでしたらいつでもお知らせください。

## 📝 NOTA

1. **ci occuperemo di 〜**：「我々が〜を担います、責任を持って行います」の意。
2. 〈in modo da ＋動詞の原形〉：「〜するように」。che ＋節も可能（→✉10）。
3. **sono sempre a Sua disposizione**：「私はいつでもあなたのお役に立てる状態でいます」の意。遠慮なく希望を述べるよう相手を促す表現。

# 17 資料を発送します

開催日2週間前。イタリア人講師から日本人への最終確認です。当日の資料を添付ファイルで送り、PCのこと、講演の進め方などを確認します。

---

oggetto : | Ultimi chiarimenti sulla conferenza

Gentile Dottor Ota,

mancano solo due settimane[1] alla conferenza e io, oltre a essere molto emozionata per questo mio viaggio in Giappone, paese che non ho mai visitato, sono estremamente onorata di potere collaborare con Lei e la Sua Associazione.
Con la presente email Le invio il testo della mia conferenza, per darvi un'idea di[2] ciò di cui parlerò. Inoltre, desideravo una Sua conferma[3] riguardo ad alcuni punti. Per prima cosa, vorrei sapere se il sistema operativo del PC che utilizzerò è Windows 7, perché è quello che desidererei adoperare. Poi, vorrei sapere se siete d'accordo riguardo alla mia intenzione di dedicare l'ultima mezz'ora della conferenza alle domande degli studenti. Vi sembra troppo?

Cordiali saluti.
Livia Gervasi

---

件名:講義に関する最終確認
講義まであと2週間を残すのみとなりました。これまで訪れたことのない日本への旅を目前にして、わくわくしています。また、太田さんはじめ協会の皆さま方とご一緒に仕事ができることを非常に光栄に思っております。このメールに添付して講義の原稿をお送りしますので、どのような話をするかご理解いただけると思います。それから、いくつか確認させていただきます。まずパソコンのOSですが、私はウィンドウズ7を使用したいと思っているのですが、大丈夫でしょうか。もう一つ、講義の最後の質疑応答に30分予定しているのですが、いかがでしょう。長すぎますか。

### NOTA
1. **mancano solo due settimane a ～**:「～まであと2週間だけである」
2. **darvi un'idea di ～**「あなた方に～についての考え（手がかり）を提供する」
3. **desideravo una Sua conferma**:「あなたからのご確認がいただきたい」の意。

# 18　出迎えに行けません

出発日1週間前。空港に出迎えに行く予定でしたが、不都合が生じて行けなくなりました。ホテルまでリムジンで来てほしいので、乗車の段取りを伝えます。

---

**oggetto:** Arrivo in Giappone per conferenza

Gentile Prof.ssa Gervasi,

manca solo una settimana al Suo arrivo con Suo marito e sono spiacente di comunicarLe un piccolo cambiamento proprio riguardo all'arrivo. Purtroppo, a causa di un contrattempo[1], non potrò venirLa a prendere all'aeroporto, pertanto desidererei chiederLe di prendere il taxi del servizio limousine, che fa la spola dall'aeroporto alla città e che mi sono già premurato di prenotarLe. Il tassista Vi aspetterà con un cartello, su cui sarà scritto il Vostro nome, davanti all'uscita degli arrivi dell'aeroporto. Lei e Suo marito sarete accompagnati direttamente al Vostro albergo. Mi dispiace arrecarLe questo disturbo[2], ma una volta terminato il check-in dell'albergo La prego di chiamarmi al seguente numero di cellulare: 090-355-XXXX.

Scusandomi per il contrattempo, Le invio un cordiale saluto.
Kazuhito Ota

---

件名：日本到着時について
先生ご夫妻のご来日まで、あと1週間となりました。到着時の段取りについて、申し訳ありませんが少し変更があります。私が空港にお迎えにあがる予定でしたが、都合が悪くなり、行けなくなりました。そこで、リムジンタクシーをお使いくださるようお願いいたします。リムジンタクシーは空港と市内を往復していて、すでに先生のお名前で予約してあります。運転手が、おふたりのお名前を書いたプラカードを持って、空港到着ロビー出口前でお待ちし、直接ホテルにお供します。そして、ホテルのチェックインがお済みになりましたら、お手数ですが、私の携帯番号090-355-XXXXにご連絡くださるようお願いいたします。ご不便をおかけして申し訳ありませんが、よろしくお願い申しあげます。

### NOTA
1. **a causa di un contrattempo**：contrattempo は「急な用事やできごとによる不都合」
2. arrecarLe questo disturbo 「あなたにこの不便・不自由をおかけする」

## 19 講演ありがとうございました

セミナーが終了し講師の先生が帰国した後、主催者から送るお礼のメールです。

---

oggetto: Ringraziamenti per la conferenza

Gentile Prof.ssa Gervasi,

desidero ringraziarLa vivamente[1] per l'interessante conferenza da Lei tenuta[2] per il nostro seminario e per la gentile disponibilità da Lei sempre dimostrata durante la Sua permanenza a Kyoto. È stato un vero piacere per me averLa conosciuta e spero che non manchi l'occasione per incontrarLa ancora. Mi auguro che la permanenza Sua e di Suo marito qui in Giappone sia stata piacevole e che il cibo giapponese sia stato di Vostro gradimento[3].

La prego di salutarmi Suo marito[4]. Nella speranza di rincontrarLa nuovamente, Le invio i miei più cordiali saluti.
Kazuhito Ota

---

件名：講義のお礼
このたびは、私どものセミナーのために興味深い講義をしていただき、まことにありがとうございました。また、京都ご滞在の間、私どもにいろいろとご配慮を賜り、感謝しております。先生にお越しいただけたことを本当にうれしく思っています。次にお目にかかれる機会を願ってやみません。今回の日本ご滞在が先生ご夫妻にとって楽しいものであり、また和食がお口に合ったのなら、うれしい限りです。
ご主人様になにとぞよろしくお伝えください。再びお会いできることを祈りつつ、重ねてお礼申しあげます。

### NOTA
1. **desidero ringraziarLa vivamente**：非常に丁寧な感謝の表現。
2. **da Lei tenuta**「あなたによって行われた」。過去分詞を形容詞として用いる表現。da Lei は tenuta の前に入る。次の la disponibilità da Lei dimostrata も同様。
3. **(essere) di Vostro gradimento**：「あなた方の好みである」。相手が一人なら Suo。
4. **salutarmi Suo marito**：Suo marito の前に a は入らないことに注意。

# 20 こちらこそお世話になりました　　19 (p.112)

✉ 19に対する講師からの返礼。有意義だったセミナーと、滞在中に受けた厚意について感謝します。夫ともども歓迎してくれたことのお礼も含めます。

---

oggetto: Ringraziamenti per la gentile ospitalità

Gentile Dottor Ota,

sono io che[1] devo ringraziarLa di cuore, perché il piacere è stato tutto mio[2]. Gli studenti del seminario sono stati sempre molto attenti e le loro domande estremamente stimolanti. Inoltre, Kyoto è una città stupenda e Lei è stato veramente gentile ad accompagnare me e mio marito in tutti quei luoghi affascinanti. Il cibo è sempre stato ottimo e adesso sono più convinta che mai[3] che la cucina giapponese sia la più salutare del mondo.
Se dovesse recarsi dalle nostre parti, venga assolutamente a trovarci.

Con la speranza di rivederLa presto, La saluto cordialmente.
Livia Gervasi

---

件名:滞在中お世話になりました
私の方こそ、本当にいろいろとお世話になり、心よりお礼申しあげます。セミナーの受講者の方たちは非常に熱心に話を聞いてくださり、質問もとても興味深いものでした。そして、京都の町はすばらしく、太田さんにはいろいろと魅力的な場所に案内していただいて、私も夫も感謝しております。食べ物は何もかもおいしく、和食は世界で最も健康的な料理であるとの考えを、これまで以上に強くしています。
もしイタリアにお越しになることがあれば、ぜひ私たちのところにお立ち寄りください。
再会の機会を祈っております。

## 📝 NOTA

1. **sono io che ～**：強調構文。「～なのは私である」「私の方こそ～である」。che の節の動詞は主語に合わせる。
2. **il piacere è stato tutto mio**：「私の方こそ非常にうれしく思い喜んでいる」
3. sono più convinta che mai「これまで以上に強く確信している」

## ESPRESSIONI RELATIVE ✉

Desidererei sapere se è possibile utilizzare la lavagna luminosa, nel caso in cui il computer non sia disponibile per il giorno della mia conferenza.
　私の講演に際して、コンピュータが使用できない場合にはプロジェクタが使えるかどうかお尋ねしたいのですが。

Devo avvertirLa che, purtroppo, l'interprete non sarà disponibile, quindi è necessario che Lei prepari la Sua lezione in inglese, perché altrimenti gli studenti non capiranno.
　あいにく、通訳者をご用意できませんので、授業は英語で行なっていただかなければなりません。そうでなければ学生は理解できないことになってしまいます。

Se dovesse avere bisogno di apparecchiature speciali per la Sua performance, ci avverta in tempo mandandoci una lista dettagliata di tutto ciò che Le serve.
　発表に際して特別な機器がご入り用でしたら、必要な物の詳細を記載したリストを、間に合うように私どもにお送りください。

Mi dispiace immensamente doverLe comunicare che non potrò cantare al Vostro Festival della Canzone, a causa di improrogabili impegni di lavoro, determinati dalla registrazione del mio nuovo album.
　たいへん心苦しいのですが、皆様方の音楽祭で歌うことができません。新しいアルバムの録音のため、どうしても延期できない仕事が入っているのです。

Siamo molto dispiaciuti di non poterLa avere con noi al congresso e contiamo di rivederLa alla prossima occasione, che non mancherà certamente.
　このたびは私どもの会議にお越しいただけないとのこと、非常に残念です。次の機会には必ずおいでいただけると思っております。どうぞよろしくお願いいたします。

Avrei bisogno che tu venga a prendermi all'aeroporto con una macchina più grande, perché con me verranno anche due miei colleghi che dovrebbero collaborare al nostro progetto.
　我々のプロジェクトを手伝うために、私の二人の同僚も一緒に行くことになりました。ついては、空港に迎えに来てくれるときに、大きい車で来てくれるようお願いします。

# 7

## 留学・研修の準備をする

現地に滞在して学ぶことは、貴重な体験です。語学留学はもちろん、最近は料理や技術の研修などの受け入れ先も広がってきています。出発前の準備には期待と同時に不安も多いことでしょう。そんなときこそメールで事前に先方とやりとりができれば安心です。留学先の学校に情報を求める、自分の希望を伝える、あるいはホームステイ先へのあいさつなどの文例を見ていきましょう。現地での就職や研修受け入れの可能性を尋ねるのにも、メールは役立ちます。履歴書の書き方も参考にしてください。

# 1　語学学校に追加情報を問い合わせる ①

語学学校のホームページを見て、わからないことを尋ねます。

---

oggetto : Informazioni per la scelta del corso di lingua

Gentile Responsabile della Scuola di Lingua Italiana XXX,

sono una studentessa giapponese e vorrei iscrivermi a un corso di italiano della Vostra scuola. Ho preso visione sul Vostro sito Internet dei corsi che offrite e credo che quello più adatto a me sia il corso di livello pre-intermedio. Desidero chiederVi se è possibile scegliere anticipatamente il livello del corso, senza cioè dover aspettare il risultato del test d'ingresso. Ho letto, inoltre, che nei Vostri corsi di cultura ce n'è uno sulla moda italiana. M'interesserebbe[1] proprio frequentarlo, ma prima vorrei sapere se è compatibile[2] con le ore dei corsi di lingua e se una persona con il mio livello linguistico sarebbe in grado di[3] frequentarlo.

In attesa di una Vostra gentile risposta, Vi saluto cordialmente.
Nanako Ichikawa

---

件名：イタリア語コースの選択に関する問い合わせ
私は日本人の学生で、貴校のイタリア語コースに登録しようと考えています。貴校が開設しているサイトを見たところ、私にいちばん合っているのは初中級のレベルだと思います。そこで、お聞きしたいのですが、入学試験の結果を待たずに、前もってレベルを選ぶことはできるでしょうか。それから、貴校の文化コースの中に、イタリアファッションに関するものがある旨を読みました。非常に興味があり、履修したいと思います。ですが、まず、語学の授業と重ならずにとれるかどうか、そして私の語学レベルでも履修できるかどうか、お尋ねしたいと思います。ご回答よろしくお願い申しあげます。

## NOTA

1. M'interesserebbe：M' は Mi（間接補語）。「興味があってできればそうしたい」という意を条件法現在 interesserebbe を用いて表している。
2. compatibile：形容詞で「〜と両立できる」。前置詞は con を用いる。
3. essere in grado di 〜で「〜することができる」「〜できるレベルにある」

## 2 語学学校に追加情報を問い合わせる ②

スタンダードコースを受講したいが、その中の授業の一つを振り替えて別のものを受講することは可能か、問い合わせます。

---

oggetto : Cambio di corso

Spettabile Scuola di Lingua Italiana XXX,
Vi sarò grato se mi fornirete la seguente informazione[1]. Avendo visionato il Vs.[2] sito Internet, ho potuto notare che nei Vs. programmi sono inclusi corsi culturali di diverse categorie. Io desidererei iscrivermi al Vs. programma standard, ma questo comprende anche un corso che ho già frequentato in precedenza. Pertanto vorrei chiedere a Voi se posso iscrivermi al programma standard cambiando, però, un corso tra quelli stabiliti. A me, per esempio, piacerebbe molto frequentare il Vs. corso di cucina. Potrei sostituirlo con quello d'arte previsto nel programma standard?

In attesa di una Vs. benevola e sollecita risposta, ringrazio e invio i miei più cordiali saluti.

Makoto Asahi

---

件名: 授業の交換について
以下の情報をご提供くださるようお願いいたします。貴校のサイトを見たところ、コースの中に、さまざまな文化関係の授業があることがわかりました。私は、スタンダードコースに登録しようと考えているのですが、そこにはすでに履修した授業が含まれています。そこでお聞きしたいのですが、スタンダードコースに登録して、その中の一つの授業を替えることはできるでしょうか。例えば、私は料理の授業に非常に興味があって、とりたいと考えています。スタンダードコースにある美術の授業と、その料理の授業を交換することは可能でしょうか。
ご理解いただけると幸いです。よろしくお願い申しあげます。

### NOTA
1. 丁寧な依頼の文。Se の節に接続法半過去、主節に条件法を使う形もある。
2. Vs. は Vostro の略。後続の名詞によって語尾変化するが、省略形は不変。

## 3 大学付属の語学学校の住宅紹介担当者に問い合わせ

紹介してもらうルームシェアの相手として、語学学校の外国人学生ではなく、大学のイタリア人学生を希望しています。担当者にお願いをします。

---

oggetto : Re:Re: Richiesta di ricerca dell'alloggio

Gent. Sig. Francesco Vitale,

La ringrazio per avere risposto alla mia precedente email in cui Le chiedevo di cercarmi un alloggio. Essendomi dimenticata di¹ specificarLe un particolare importante, mi permetto di² riscriverLe nuovamente. Durante la mia permanenza a Perugia, desidererei abitare non con studenti stranieri che frequentano i corsi d'italiano come me, ma con studenti universitari italiani. È possibile? Per motivi a Lei ben comprensibili, vorrei infatti parlare il più possibile in italiano mentre, purtroppo, con gli studenti stranieri si finisce sempre con il parlare in inglese.

Sperando in una Sua efficace collaborazione, porgo distinti saluti.

Risako Tanaka

---

件名：Re: Re: 住居紹介のお願い
このたびは、滞在中の住居を探すお願いをしたメールにご返事をいただき、ありがとうございます。一つ重要な事柄を失念していたので、もう一度メールさせていただきます。私は、ペルージャ滞在中に、私のようにイタリア語コースで学ぶ外国人学生とではなく、イタリア人の学生とルームシェアをしたいと考えています。それは可能でしょうか。ご理解いただけると思いますが、できるだけイタリア語を話したいと思っていても、外国人の学生とはどうしても英語になってしまうのです。
どうかお力を貸していただけるよう、お願い申しあげます。

### 📝 NOTA
1. dimenticarsi di 〜で「〜することを忘れる」。近過去の助動詞は essere。
2. permettersi di 〜で「〜させていただく」。「失礼ながら」の意が含まれる。

# 4 友人に紹介された下宿先の大家さんにあいさつ

面識はないが、友人の知り合いであり、今後お世話になるので「よろしく」という思いを伝えます。viや肩書きに小文字を用いると、事務的な感じが薄まります。

---

oggetto : Vi ringrazio per la futura ospitalità

Cari Signori Rossati,

mi permetto di scrivervi, nonostante non vi abbia mai incontrato. Ryo mi ha detto che sareste disposti a ospitarmi durante la mia permanenza a Napoli. Sono davvero felice e onorata di poter trascorrere con voi il mio periodo di studio all'estero. Non so proprio come ringraziarvi. Io non sono mai stata in Italia, quindi per me sarà un'esperienza tutta nuova ed emozionante. Sicuramente vi creerò qualche involontario[1] problema, causato dalla mia inesperienza, ma vi prego di avere pazienza, soprattutto perché io ancora non parlo bene l'italiano. Ad ogni modo, farò il possibile per rendermi utile[2] e cercherò di causarvi il minor disturbo possibile[3].

Con grande impazienza d'incontrarvi, vi mando un caro saluto.
Nozomi Kuriyama

---

件名：お世話になります
初めてのメールで失礼いたします。皆さまとはお目にかかったことはないのですが、遼の紹介で、皆さまが私のナポリ滞在中のホームステイをお引き受けくださるとのこと、聞いております。留学中に皆さまと一緒に過ごせるのは、私にとってこのうえなく幸せで、ありがたいことだと感謝しています。私はイタリアは初めてで、まったく新しい経験であり、わくわくしています。慣れないこともあっていろいろとご迷惑をかけることもきっとあるでしょう。とくに言葉が通じないという問題が出てくるでしょうが、どうかご理解ください。お宅のお手伝いなどもできるだけしたいと思っていますし、お宅の環境に一日も早くなじんでいきたいと考えています。お目にかかる日を楽しみにしています。

## NOTA

1 involontario：形容詞。「意図しない、故意ではない」
2 rendermi utile「（自分自身を）役に立てるようにする」
3 cercherò di causarvi il minor disturbo possibile「極力迷惑をかけないよう努める」

# 5 寮についての問い合わせ

　学校の住居斡旋担当者に宛てて、寮についての情報を詳しく問い合わせたり確認したりします。

oggetto : Richiesta informazioni sul dormitorio

Gent.ma Sig.ra Ricci,

La ringrazio per avermi prontamente prenotato una camera presso il dormitorio degli studenti. Io arriverò a Bologna il 5 settembre, quindi ho intenzione di occupare la camera da questa data. Avrei anche bisogno di alcune informazioni e Le sarei molto grata se me le potesse fornire. Le informazioni di cui ho bisogno sono le seguenti:
1. quanto dista il dormitorio dalla scuola di lingua e con quali mezzi di trasporto ci si può arrivare;
2. se nel dormitorio è possibile cucinare;
3. se ci sono degli spazi comuni per lo studio e per la ricreazione (per es.: biblioteca, sala tv, ecc.);
4. se è possibile ospitare un'amica per qualche giorno.

In attesa di una Sua cortese risposta, La saluto cordialmente.
Kurumi Tachibana

件名:寮についての問い合わせ
このたびは、学生寮の部屋を迅速にご用意くださって、ありがとうございます。ボローニャには9月5日に到着するので、その日から部屋を使いたいと思っています。いくつかお聞きしたい点がありますので、お答えくださるようお願いいたします。質問は以下の通りです。
1. 寮から語学学校まではどれぐらい離れていますか。交通機関はどのようなものがありますか。
2. 寮では自炊ができますか。
3. 図書室やテレビ室など、勉強や娯楽のための共同スペースはありますか。
4. 女性の友人を数日泊めることは可能ですか。
ご回答よろしくお願い申しあげます。

# 6 クラスのレベルが合わないので変更したい

留学先の語学学校の学生相談室宛て。レベルが合わないのでクラス変更を希望しています。できれば直接会って相談したいというお願いも加えます。

---

oggetto: Cambio di corso

Gentile Signora Ragusani,

sono uno studente della Sua scuola di lingua e frequento il corso di livello intermedio. Mi dispiace disturbarLa[1], ma mi sono accorto che il livello della classe in cui mi trovo già da una settimana è troppo alto per me. Non riesco a capire sia quando l'insegnante parla sia[2] quando gli altri studenti rispondono. Anche la grammatica è troppo difficile e non riesco mai a completare i compiti per casa. Desidererei pertanto chiederLe se è possibile cambiare classe, nonostante il corso sia già iniziato. Se è possibile, desidererei incontrarLa direttamente per spiegarLe meglio la mia situazione.

Sperando in una Sua risposta affermativa[3], Le invio un cordiale saluto.
Katsumi Kawabata

---

件名:クラスの変更
私は貴校の生徒で、中級クラスで学んでいます。お手数ですが、ご相談したいことがあります。授業が始まって一週間ですが、今のクラスのレベルが私にとっては高すぎるとわかったのです。先生が話されるのも生徒が答えるのも理解できません。文法も難しすぎて、宿題もなかなか仕上げられません。そこで、授業はもう始まっていますが、クラス変更できないかお尋ねしたいのです。もしできましたら、直接お目にかかって状況をお話ししたいと考えています。
承認いただけるなら幸いです。よろしくお願いいたします。

### NOTA
1. mi dispiace disturbarLa「あなたを煩わせて申し訳ありません」
2. sia A sia B「AもBも」。AおよびBに節を用いることも可能。
3. una Sua risposta affermativa「あなたの肯定の(=可能であるという)返答」

# 7 レストランでの修業を申し込む

レストランのオーナー宛てに、紹介者を経て修業を申し込みます。自分の経歴を手短に述べ、採用をお願いする旨を伝えます。

---

oggetto : Richiesta di assunzione

Egregio Signor Borghini,

ho appreso dal sig. Valerio Bindi, Suo dipendente e mio grande amico, che Lei sta cercando un nuovo cuoco per il Suo ristorante in Viale Mazzini. Desidero informarLa del mio vivo interesse per la posizione da Lei offerta. Credo che il sig. Bindi Le abbia già parlato di me e quindi saprà che ho una grande esperienza in questo campo.

Ho 36 anni e, dopo essermi diplomato, ho fatto pratica in due famosi ristoranti della mia città, per lavorare, in seguito, nelle cucine del rinomato Hotel XXXX di Kyoto in qualità di capo cuoco.

Infine, ho una discreta conoscenza della lingua inglese e parlo anche un poco l'italiano.

Fiducioso che[1] la mia richiesta di assunzione sia da Lei benevolmente accolta, La saluto cordialmente.

Ryosuke Matsushita

---

件名:求人についての問い合わせ

御社の従業員であり私の親しい友人でもあるヴァレリオ・ビンディ氏から、マッツィーニ通りにあるお宅のレストランで、新たに調理師を探しているという話を聞きました。私はその仕事に非常に興味を持っています。ビンディ氏からお聞き及びと思いますが、私はこの分野でかなりの経験があります。現在36歳で、高校卒業後、地元の有名なレストラン2軒で修業をしました。その後、京都の高名なホテルxxxxのレストランで、料理長を勤めました。語学力については、英語はある程度知識があり、イタリア語も少し会話ができます。採用をご検討いただけますよう、どうぞよろしくお願い申しあげます。

## NOTA

1. Fiducioso che 〜 「〜のことを信じて」。文頭の essendo が略されている。

# 8 ガラス工芸の工房での修業を申し込む

差し出し人はガラス工芸作家。経歴を述べ、修業依頼の動機と熱意を伝えます。

---

oggetto : Richiesta di impiego

Spett.[1] Impresa Vetri di Murano,

mi chiamo Katsuo Abe, ho 39 anni e da 12 anni dirigo un atelier che produce oggettistica in vetro. Personalmente ho una buona esperienza nella produzione di vetrate artistiche, ma da qualche tempo provo un grande interesse per le tecniche di produzione dei lampadari classici, moderni e in vetro artistico. Mi è capitato di vedere dei prodotti della Vostra fabbrica che mi hanno molto colpito per la loro bellezza e per l'elevato senso artistico. Desidererei quindi poter lavorare con Voi per apprendere le tecniche tradizionali impiegate nella produzione dei lampadari in vetro e nelle loro decorazioni. Allego, quindi, il mio C.V.[2] nella speranza che possa risultare interessante per la Vostra impresa.

In attesa di una Vostra risposta, che spero sia positiva, porgo distinti saluti.
Katsuo Abe

---

件名：御社での修業の申し込み
私は阿部勝雄といいます。現在39歳で、ガラス製品を生産している工房を経営して12年になります。私自身は、ステンドグラスの制作にかなりの経験があります。かねてから、古典的なタイプや現代風、あるいは芸術的なガラス製のシャンデリアの製作技術に、多大な興味を持っています。御社の製品を見る機会があり、その美しさと芸術性の高さに大いに心を動かされました。それで、お宅の工房で働かせていただいて、シャンデリアの製作や装飾に関する伝統的な技術を習得できないものかと考えた次第です。ここに私の履歴書を添付いたします。どうかご覧いただき、ご承諾くださるようお願い申しあげます。

### 📨 NOTA
1. Spett. は Spettabile の省略形。Spett.le という形もある。会社宛ての場合に用いる。
2. C.V. は curriculum vitae（履歴書）の省略形。

履歴書

**Curriculum vitae**

**DATI PERSONALI**
MasakoTerayama, 30 anni
Luogo e data di nascita: Kagoshima (Giappone), 17 novembre 1981
Residenza attuale: XXX Fukuoka (Giappone)
Tel.: XXXXXXX

**STUDI**
Marzo 1999    Maturità presso il Liceo Statale di Kagoshima.
Marzo 2003    Laurea in Economia conseguita presso l'Università Privata XXXX di Fukuoka con voto A.
Marzo 2005    Completamento del Corso di Master sull'Internazionalizzazione delle Imprese presso l'Università XXX.
Novembre 2005-Febbraio 2006
              Frequenza di un corso di lingua italiana presso la Scuola di Lingua XXX di Fukuoka.

**LINGUE STRANIERE**
Inglese     Ottima conoscenza parlata e scritta
Italiano    Buona conoscenza parlata e scritta
Spagnolo    Conoscenza elementare parlata

**SOGGIORNI ALL'ESTERO**
Febbraio-Giugno 2006 : Inghilterra. Un soggiorno di studio libero per migliorare la conoscenza della lingua inglese.
Settembre-Ottobre 2006:Italia. Soggiorno di studio presso la Scuola di Lingua XXX di Firenze.

**CONOSCENZE INFORMATICHE**
Buona conoscenza delle applicazioni di word processor MS Word per Windows e Macintosh. Familiarità con il programma Excel.

**ESPERIENZE DI LAVORO**
Dal novembre 2006 a oggi    Impiegata presso la Compagnia XXX nel Settore Vendite.

**PUBBLICAZIONI**
M. Terayama, *Tecniche di Comunicazione con i Clienti*, in «Marketing», 7 (2004), pp. 54-68.

履歴書

寺山雅子　30歳
出生地：鹿児島県（日本）　　生年月日：1981年11月17日
現住所：福岡県XXX（日本）　　電話番号：XXXXXXX

学歴
1999年3月　鹿児島県立XXX高等学校卒業
2003年3月　XXX大学（福岡県、私立）経済学部卒業　最終成績：A
2005年3月　XXX大学　　企業国際化研究専攻　修士課程修了
2005年11月～2006年2月　福岡県のXXX語学学校のイタリア語コースを履修

外国語の運用能力
英語：会話、筆記とも「秀」レベル
イタリア語：会話、筆記とも「良」レベル
スペイン語：初級の日常会話程度

外国での滞在経験
2006年2月～6月　語学力向上のためにイギリスに滞在（学校には在籍せず）
2006年9月～10月　XXX語学学校（イタリア・フィレンツェ）に在籍

情報処理に関する技能
MS Word（Windows、Macintoshとも）の使用に十分な知識がある。Excelにも精通している。

職歴
2006年11月～　XXX社営業部に所属。現在に至る。

執筆
『顧客とのコミュニケーション術』寺山雅子　『マーケティング』7、2004年、pp. 54-68

## NOTA
＊イタリアの履歴書では、自分のことを3人称単数形の形で書く。
＊場合によっては、趣味や好きなスポーツなどを記すこともある。

## ESPRESSIONI RELATIVE ✉

La pregherei di cercarmi una famiglia ospitante che non fumi, perché a me dà molto fastidio l'odore delle sigarette.
　たばこのにおいが非常に苦手なので、たばこを吸わないホストファミリーを探していただければと思います。

Ho cercato di contattare la mia famiglia ospitante all'indirizzo di posta elettronica che mi avete fornito, ma non avendo ricevuto risposta, non so più cosa fare.
　いただいたホストファミリーのアドレスにメールを送ってみましたが、返信がありません。どうしたらよいでしょうか。

Vi sarei molto grata se mi veniste a prendere direttamente alla stazione di Firenze il 5 novembre alle 19:25.
　11月5日19時25分にフィレンツェに到着いたします。直接、駅に迎えに来てくださるならありがたく存じます。

In risposta al Vs. annuncio pubblicato su «La Repubblica» del 16 luglio, desidero proporre la mia candidatura per la posizione offerta.
　7月16日に「ラ・レプブリカ」紙に掲載された御社の求人情報に対して、当該の求人への応募を希望しています。

Allego il mio curriculum, che credo possa risultare interessante per la Vostra ditta, e aggiungo la mia disponibilità ad un eventuale trasferimento in una qualsiasi città italiana.
　履歴書を添付いたします。ご覧いただき、御社が興味をお持ちくださると幸いです。もし異動がある場合、まったく問題なくイタリアのどの都市にでも参ります旨申し添えます。

La ringrazio per la Sua lettera del 3 marzo con cui chiede di essere assunto presso la nostra azienda e per il Suo C.V. che ci è apparso molto interessante, ma al momento non si prevedono assunzione nel campo che Le interessa.
　私どもの会社に就職を希望される旨のお手紙を3月3日付けで頂戴し、まことにありがとうございます。履歴書を拝読して非常に興味を抱きましたが、現時点ではご希望の分野での採用は予定しておりません。

# 8

## 予約する・クレームする

　海外のホテルやレストランも、インターネットで簡単に予約できるようになりました。それでも、詳しい情報を求めたり、予約の変更やキャンセルをする場合には、直接メールのやりとりが必要になります。金銭に関わるクレームは、論旨を明確に、ときには断固とした姿勢を表現しなければならない場合もあるでしょう。また、インターネット・ショッピングの普及に伴って、トラブルが発生するケースも皆無ではありません。いくつかの文例を見ていきます。

# 1 ホテルの部屋についてお尋ねします

ホテルのサイトを見て、予約のための追加情報を依頼します。

---

oggetto: Richiesta di informazioni

Al Responsabile del reparto prenotazioni dell'Hotel XXX.

Sono venuta a conoscenza del Vostro hotel[1] tramite il relativo sito web e desidererei ricevere delle informazioni sulle camere. Vi pregherei, quindi, di fornirmi le seguenti delucidazioni.

Desidererei sapere:
1. a quanto ammonta la tariffa di[2] una camera singola con bagno e se nel prezzo è compresa la prima colazione;
2. se avete una camera libera per tre giorni a partire dal 20 settembre;
3. se nell'albergo è presente un ristorante dove poter, eventualmente, consumare anche altri pasti;
4. se il vostro servizio "fitness e massaggi" prevede anche la sauna.

In attesa di una Vostra gentile risposta, Vi ringrazio e V'invio i miei più cordiali saluti.
Yasuko Teramoto

---

件名:問い合わせ
貴ホテルのサイトを拝見し、部屋についての詳細を教えていただきたく、以下の事項についてお答えくださるようお願いいたします。
1.バス付きシングルルームの値段はいくらですか。朝食は込みですか。
2.9月20日から3泊、空いている部屋はありますか。
3.ホテル内に、もし希望する場合、朝食以外の食事ができるレストランはありますか。
4.フィットネスとマッサージの施設には、サウナも付いていますか。
ご回答よろしくお願い申しあげます。

### NOTA
1. sono venuta a conoscenza di 〜 「〜について知るに至った」。男性なら venuto。
2. a quanto ammonta la tariffa di 〜 「〜の料金はいくらになるか」

## 2 ホテルを予約します

✉ 1に対し、ホテルの担当者から返信があったので、その条件で予約します。部屋についての希望、細かい質問をさらに付け加えます。

---

oggetto : Re:Re:Richiesta di informazioni

Gentile Sig. Mauro Giacchetti,

La ringrazio molto per le informazioni che mi ha fornito. Vorrei pertanto prenotare una camera singola con bagno dal 20 settembre per tre notti. Penso di usufruire anche del Vostro ristorante e del Vostro servizio "Fitness e massaggi", ma poiché, come mi ha già spiegato nella Sua precedente email, per essi[1] non è richiesta la prenotazione, Vi farò sapere al mio arrivo se e quando[2] li utilizzerò. Vorrei, invece, essere assicurata sul fatto che la mia camera non dia sulla strada[3] ma sul cortile interno. La prego, inoltre, di comunicarmi se è possibile pagare con la carta di credito e se è necessario dare una conferma della prenotazione.

In attesa di una Sua nuova risposta, cordiali saluti.
Yasuko Teramoto

---

件名:Re: Re: 問い合わせ
詳細情報をお送りくださりありがとうございます。9月20日から3泊、バス付きのシングルを一部屋予約します。レストランや、フィットネス・マッサージの施設も利用することになると思います。いただいたメールでは、それらについては予約は必要ないとのことですので、利用するなら、到着してからその日時をお知らせします。部屋に関してですが、通りに面した側ではなく、中庭に面した部屋にしてくださるようお願いいたします。また、クレジットカードで支払いできるかどうか、そして予約の確認をすることが必要かどうか、お知らせください。

### 📝 NOTA

1. per essi : essi は il Vostro ristorante と il Vostro servizio に代わる代名詞。
2. se e quando 「〜かどうか、そうであるならそれはいつか」
3. dia sulla strada 「通りに面する」。動詞は dare を用いる。ここでは接続法現在。

## 3 予約をキャンセルする

予定が変更になり、ホテルをキャンセルします。空港からのリムジンバスも合わせてキャンセルします。

---

oggetto : Cancellazione della prenotazione

Gentile Responsabile delle prenotazioni,

in data 03/12/2011 ho prenotato, tramite il sito del Vostro albergo, una camera matrimoniale per la settimana compresa tra il 17 e il 25 luglio, scegliendo di pagare con carta di credito. Adesso, però, per motivi personali[1], dovrei disdire[2] la prenotazione. Per la cancellazione è sufficiente questa email o devo compilare qualche altro documento?
Insieme alla camera desidero disdire anche il servizio limousine dall'aeroporto all'albergo, di cui avevo fatto richiesta.

In attesa di Vostre indicazioni, Vi saluto cordialmente.
Mayumi Fukui

---

件名：予約のキャンセル
2011年12月3日に貴ホテルのサイトを通じて予約をとりました。7月17日から25日までの一週間、クレジットカード払いでダブルルームを一部屋お願いしています。ところが、事情ができて予約をキャンセルしないといけなくなりました。キャンセル手続きはこのメールだけでよろしいですか。それとも何か書類に記入することが必要でしょうか。部屋と併せて予約していた空港からのリムジンバスもキャンセルさせていただきます。ご回答よろしくお願いいたします。

### NOTA
1. **per motivi personali**：「個人的な事情で」「一身上の都合で」
2. disdire「取り消す」「キャンセルする」。他に cancellare, annullare も同じ意味で用いられる。

## 4 レストランの予約時間と人数を変更する

予約していたレストランに、人数と時間の変更をお願いします。さらに、新たに加わった人に牡蠣のアレルギーがあることを伝えます。vi を小文字にするとアンフォーマルな感じになりますが、失礼にはなりません。

---

oggetto : Comunicazione di cambiamento nella prenotazione a nome Sugiyama

Gentile Personale del Ristorante Alè,

desidero comunicarvi che[1], riguardo alla prenotazione di un tavolo per 10 persone, da me effettuata[2] ieri pomeriggio per il 30 ottobre, è sopravvenuto un cambiamento. Non saremo più in 10 ma in 12 e, inoltre, vorremmo iniziare a cenare alle 20:00 e non più[3] alle 21:00. È possibile?
Per finire, devo avvertirvi che una delle persone aggiunte alla prenotazione è allergica alle ostriche. Vi prego, di conseguenza, di stare molto attenti a non inserire questo alimento nelle sue pietanze.

Vi ringrazio e vi saluto cordialmente.
Takanobu Sugiyama

---

件名：予約内容の変更（杉山）
昨日の午後、10月30日来店の予約をしましたが、10名でお願いしていたのが変更になりました。12人になります。それから時間を21時から20時に早めたいのですが、可能でしょうか。
もう一つ、新しく加わったうちの一人に牡蠣のアレルギーがあります。ついては、料理の食材に牡蠣を用いないようご配慮ください。どうぞよろしくお願いいたします。

### NOTA
1. **desidero comunicarvi che** ～：「che 以下のことをお知らせしたく思います」
2. **la prenotazione da me effettuata**：「私が行なった予約」
3. **e non più**：〈A e non più B〉の形で用いる。「（変更後はもう）B ではなくて A」

## 5 未払いについてクレームする

翻訳の仕事をして、契約書を交わしたのに、相手から支払い期日になっても支払いがありません。クレームのメールを送ります。

---

oggetto: Richiesta di spiegazioni su mancato pagamento

Gentile Caporedattore Luciano Ferris,

Le scrivo per avvertirLa che[1], nonostante abbia regolarmente firmato il contratto con la Sua casa editrice per la traduzione da Lei richiestami[2] e l'abbia completata rispettando i tempi definiti nel suddetto contratto, non ho ancora percepito il pagamento[3] che mi era stato promesso. Si è, forse, verificato[4] un qualche inconveniente di cui non sono stata informata?

Sperando in un Suo chiarimento, Le invio i miei più cordiali saluti.
Narumi Kawabata

---

件名:翻訳料の未払いの件で
ご承知のとおり、私は御社と正規の契約を交わして翻訳の仕事を請け負い、契約に従って期日までに完全に仕上げてお納めしています。それにもかかわらず、契約どおりの支払いを受け取っていません。おそらくは、お知らせいただいてないことで何か不都合が生じたのでしょうか。事情をご説明くださるようお願い申しあげます。

### NOTA
1. **avvertirLa che** 〜:「(che 以下のことを) あなたに知らせる」。avvertire は直接補語をとるので Le ではなく La となることに注意。
2. la traduzione da Lei richiestami 「あなたたちによって私に依頼された翻訳」
3. non ho percepito il pagamento 「支払いを受領していない」。percepire は官庁用語。
4. si è verificato:verificarsi は「生じる」「起こる」

## 6 再度クレームする

✉5を送ったのに、相手から何の返答もありません。✉5を手短に要約しながら、かなり厳しい調子の文体で再度クレームします。

---

oggetto: Richiesta di pagamento immediato

Gentile Caporedattore Luciano Ferris,

con molto dispiacere desidero farLe notare che[1] Lei non ha risposto alla mia email, inviata in data 13 aprile, in cui La informavo del mancato pagamento[2] del lavoro di traduzione da me effettuato per la Sua casa editrice, nonostante io abbia regolarmente firmato il contratto. Sono molto contrariata per la mancanza di serietà[3] dimostrata da Lei e dalla Sua casa editrice e desidero avvertirLa che, se anche questa volta ignorerà la mia richiesta di pagamento, sarò costretta a[4] procedere per vie legali.

Cordiali saluti.
Narumi Kawabata

---

件名:即時支払いを要望します
4月13日にお送りしたメールはお受け取りのことと思いますが、何のご回答もいただけず、非常に遺憾に存じます。御社と交わした正規の契約に従って、私が請け負い完了した翻訳の仕事に対して、まだ支払いをしていただいてないことをお知らせしたメールです。このように誠実さを欠いた御社および編集長様の態度に対しては、憤りを禁じ得ません。今回のメールも無視して支払いのお願いに応じていただけないなら、当方も法的な措置を取らざるを得ない旨、ご承知おきくださるようお願い申しあげます。

### 📝 NOTA
1. **desidero farLe notare che** 〜:「(che 以下のことを) あなたに気づいてもらいたい」
2. il mancato pagamento:直訳すると「行われていない支払い」
3. la mancanza di serietà:まじめさ、誠意が欠けていること。
4. **sarò costretta a** 〜:「〜するのを余儀なくされる」「やむを得ず〜するだろう」

## 7　届いた商品の交換を希望する

インターネット通販で買い物をしましたが、注文したものと違うものが送られてきました。交換を希望する旨を伝えます。✉4と同様、小文字の vi を用います。

**oggetto :** Richiesta di restituzione di merce diversa da quella ordinata

All'Addetto del reparto spedizioni della ditta XXX.

Vorrei comunicarvi che, al posto della[1] merce da me ordinata in data 24-11-2011, mi è arrivato un pacco contenente dei prodotti diversi. Io avevo ordinato[2] un paio di pantaloni rossi e una camicia bianca, ma mi sono stati spediti un paio di scarpe di camoscio e una sciarpa di pura lana vergine. È probabile che la mia ordinazione sia stata scambiata con quella di un altro cliente. Pertanto vi chiedo di poter restituire la merce pervenutami[3] senza nessun addebito di pagamento delle spese postali e di poter ricevere al più presto i prodotti da me originariamente ordinati.

Contando in un vostro pronto intervento, vi saluto cordialmente.
Manami Inoue

件名：注文品と異なる商品の返品について
2011年11月24日にある商品を注文したのですが、違う商品が届きました。注文したのは赤のパンツと白のシャツですが、送られてきたのはカモシカ革の靴とバージンウールのマフラーです。おそらく別の方の注文品と取り違えられたのだと思います。郵送料がかからない方法でその商品を送り返してもよろしいですか。そして私が本来注文していた商品を、できるだけ早くお送りくださるようお願いいたします。

### 📝 NOTA

1. **al posto di ～**：「～の代わりに」
2. avevo ordinato：注文したのが受け取りより前であることから、時制が大過去。
3. la merce pervenutami「私に届いた商品」。pervenire は自動詞だが、このように過去分詞を用いて merce を修飾する形にすることができる。

# 8 注文した商品が届かない

インターネットで注文し、代金もクレジットカードで支払い済みなのに商品が届かないことに対して、クレームします。

---

oggetto: Mancato ricevimento della merce ordinata

Al Responsabile del reparto spedizioni.

Sono spiacente di[1] avvertirLa che i prodotti da me ordinati direttamente sul Vostro sito non mi sono ancora arrivati, sebbene l'operazione di pagamento tramite carta di credito sia stata già completata[2]. Desidero ricevere al più presto un'esauriente spiegazione, nonché il ricevimento della merce ordinata o l'immediato rimborso della cifra da me già pagata.

In attesa di una Sua spiegazione, cordiali saluti.
Kumiko Yagi

---

件名:注文した商品が届きません
御社のサイトから直接ある商品を注文したのですが、クレジットカードでの支払いがすでに完了しているにもかかわらず、商品はまだ届いていません。注文した商品が受け取れるのか、それがだめなら払った金額をすぐに返金していただくことになるのか、納得のいく説明をお願いいたします。

### 📝 NOTA
1. **sono spiacente di** 〜:「〜するのが遺憾だ、残念だ」
2. **sia stata completata**:主語は l'operazione で completare（遂行する）の受身の近過去形。sebbene（〜にかかわらず）の節の中なので、sia という接続法現在が用いられている。

### 🔄 VARIANTE
Desidero avvertirvi che il prodotto che mi avete spedito è difettoso. Pretendo pertanto il rimborso del pagamento che ho già effettuato.

　　御社から商品が送られてきましたが、不良品でした。ですので、支払い済みの金額を返金してくださるようお願いします。

## ESPRESSIONI RELATIVE ✉

Desidero sapere se è possibile prenotare due camere doppie per la notte di San Silvestro (31 dicembre) e se è previsto un cenone di Capodanno compreso nel prezzo.
　12月31日のサンシルヴェストロの祝日の夜にダブルルーム2部屋予約することはできますか。料金がお正月の特別な夕食込みの値段かどうかもお教えください。

Avendo un bambino al seguito, è possibile avere aggiunto un lettino in camera e, in caso di risposta affermativa, a quanto ammonterebbe la differenza di prezzo?
　子供を連れていますので、部屋に子供用のベッドを入れていただきたいのですが、もしそれが可能なら、その分の値段はいくらになりますか。

Vorrei cancellare la prenotazione di un tavolo all'aperto per cinque persone effettuata a mio nome ieri, 4 agosto, poiché nel vostro locale non sono ammessi cani.
　昨日8月4日に、私の名前で屋外のテーブルを5名で予約したのですが、お店に犬を同伴できないということで、キャンセルをお願いしたいのです。

Non riesco a credere che una ditta rinomata e rispettata qual è la vostra abbia potuto commettere un errore di fatturazione del genere.
　御社のように名声も尊敬も集めているような会社が、インボイスの作成においてこのようなミスを犯してしまったことが、どうしても信じられません。

Il maglione che mi è stato spedito non è della taglia da me ordinata e il colore è più scuro rispetto a quello della fotografia che ho visto nel sito Internet.
　届いたセーターは私が注文したサイズではなく、また色も、ネットのサイトで見た写真の色に比べて暗い色です。

È possibile sapere chi deve pagare le spese postali, in caso di restituzione di merce non ordinata? Trattandosi di un errore della ditta, ritengo che non mi si debbano addebitare spese di nessun genere.
　注文していない商品が届いて返品する場合、どちらが送料を負担するのかお知らせいただけますか。御社のミスが原因なので、私が負担しないといけない理由は一切ないと考えます。

# 9

## 慶び・お祝いを伝える

イタリアでは、年末年始だけでなく復活祭にもグリーティング・カードやメールを送り合う習慣があります。結婚や赤ちゃんの誕生、合格、開業など、うれしいニュースを知ったときには、タイミングをのがさず、すぐにお祝いの気持ちを伝えましょう。心のこもったメールが届けば、それが短いものであっても相手はうれしく温かい気持ちになるはずです。ここでは、フォーマルな定型文からジョークを交えたものまで、さまざまな文例を見ていきましょう。

# 1 楽しいクリスマス、よいお年を！

長期休暇の前後には、自分や相手の休暇中の予定について話したり、休み明けに互いに報告をしたりします。クリスマスカードのメールの例を見てみましょう。

---

oggetto: Tanti auguri di Natale e Capodanno

Cara Letizia,

come stai? Che cosa farai durante le vacanze di Natale?
Io ospiterò per una settimana mio cugino che vive in Svezia. Rimarrà in Giappone una quindicina di[1] giorni e, poiché non conosce ancora i miei figli, ha deciso di venirci a trovare. Io sono molto contenta, perché è da molto tempo che non lo vedo. Inoltre, sono sicura che[2] con lui passeremo un piacevole Natale e poi andremo tutti insieme a Niigata per passare il Capodanno con i miei genitori e gli altri nostri parenti.
Ti auguro[3] un Buon Natale e un Felice Anno Nuovo.
Hitomi

---

件名：メリークリスマス、そしてよいお年を。
元気？　クリスマス休暇はどうやって過ごすの？
私の方は、スウェーデンに住んでいるいとこが一週間家に来ます。日本には二週間ほどいる予定で、まだうちの子供たちに会ったことがないので、会いに来てくれることになったの。彼にはずいぶん長く会ってないのでとてもうれしいです。それに彼が一緒なら楽しいクリスマスが過ごせること間違いなしです。それから皆で新潟に行って、私の両親や親戚とお正月を過ごします。
どうかあなたも楽しいクリスマスを過ごしてね。そしてよいお年を。

## NOTA

1. una quindicina di giorni「15日ほど/約2週間」。正確に15日なら quindici giorni。
2. sono sicura che 〜「〜ということを確信している」。筆者が男性なら sicuro。
3. ti auguro 〜「〜を祈っています」。Buon Natale e Felice Anno Nuovo は単独でも使われるが、このメールでは Ti auguro を入れる方が文脈になじみやすい。その場合、buon, felice, anno, nuovo の語頭は小文字でもよい。Natale はつねに大文字。

## 2 よいお年をお迎えください

ご無沙汰している恩師に近況報告を兼ねて年末のあいさつを送る例です。

oggetto : Auguri di Natale e Capodanno

Gentilissimo Professor Berti,

desidero scusarmi per[1] il mio lungo silenzio e, allo stesso tempo, approfittare di questa email per farLe i miei più sentiti[2] auguri di Natale e Capodanno. Le auguro che, almeno quest'anno, Lei riesca a trascorrere le vacanze invernali in tranquillità con la Sua famiglia, nonostante i Suoi numerosi impegni.

Riguardo a me[3], sono finalmente riuscita a trovare un posto al Ministero degli Esteri e, anche se sono ancora molto inesperta, mi sto impegnando tanto per non sfigurare di fronte ai miei colleghi più anziani.

Auguro nuovamente un felice Natale e un anno nuovo pieno di gioia e serenità a Lei e alla Sua famiglia.
Akiho Maruyama

件名：クリスマスと新年にあたってのごあいさつ
日頃はご無沙汰ばかりで申し訳ありません。お詫びを申しあげるとともに、この機会に、穏やかなクリスマスとお正月をお迎えになりますよう心よりお祈りいたします。ご多忙とは存じますが、せめて今年は、ご家族とゆっくり冬休みを過ごされるよう願っております。さて、私は、ついに外務省に職を得ることができました。まだまだ未熟ではありますが、年長の同僚たちに遅れをとらないよう懸命に勤めています。
ご家族の皆さま方とともに、楽しいクリスマスをお過ごしになり、幸多い新年を迎えられますよう、重ねてお祈り申しあげます。

### NOTA
1. desidero scusarmi per ～「～についてお詫びを申し述べたい」
2. farLe i miei più sentiti auguri「私の心からの祝意をあなたに送る」。Le は Lei の間接補語で「あなたに」。tu を用いる相手には farti となる。
3. riguardo a me「私に関しては」

# 3 謹賀新年

会社などから出すフォーマルな文面の新年のあいさつです。

> oggetto: Auguri di Capodanno
>
> Ill.mo Presidente della DEF&Co.,
>
> nella ricorrenza del Capodanno Le invio[1] a nome di[2] tutto il personale della ditta ABCXX&Co. tanti auguri di felicità e successo. Noi tutti ci auguriamo[3] che l'anno nuovo sia portatore di abbondanza e prosperità, soprattutto in questo periodo di crisi economica generale.
>
> Felice anno nuovo.
> il Capo del Personale
> Tetsuo Kawasaki

件名:謹賀新年
年頭にあたり、弊社社員一同より新年のお慶びを申しあげます。この数年厳しい経済状況が続いていますが、新しい年が豊かな繁栄の前触れとなるよう祈念いたします。
御社の実り多い一年をお祈り申しあげます。

### NOTA
1. Le invio tanti auguri は「あなたにお祝いのことばを送る」という表現。相手が複数なら vi。
2. A nome di ~ 「~の名義で、~に代わって」
3. Ci auguriamo は原形 augurarsi。「che 以下のことを願う」。che の節の動詞は接続法を用いる。

### VARIANTE
Ricambio i più sentiti auguri per un sereno Natale e un felice anno nuovo a Lei e a tutta la Sua famiglia.
　　(クリスマスと新年のあいさつの返礼として)
　　楽しいクリスマスと幸多き新年をご家族の皆さまと過ごされますよう、心よりお祈り申しあげます。

# 4 穏やかな復活祭をお祈りいたします

以前ホームステイでお世話になった家族に送るメールの例です。複数の人に宛てるので、voi を用います。

---

oggetto : Tanti auguri di buona Pasqua

Carissima Famiglia Colli,

mi dispiace di[1] non essere potuta venire a trovarvi dopo il mio rientro in Giappone. Mi mancate[2] molto e penso spesso alle belle giornate trascorse insieme, quando abitavo con voi durante il mio soggiorno di studi in Italia.
Fra non molto sarà Pasqua. Siete stati proprio voi a farmi conoscere l'importanza e il fascino di questa festa che in Giappone non viene celebrata e di cui non mi dimenticherò mai.
Desidero, quindi, augurarvi una buona Pasqua e una piacevole Pasquetta.

Rammaricandomi[3] di non essere lì con voi, vi invio un caro e affettuoso saluto.
Miyako

---

件名:復活祭をお祝いして
日本に帰国してから後、再び皆さんのところに戻っていってお会いすることができなくて、残念に思っています。それがとても寂しく、留学中お宅に住んでいたときに一緒に過ごした楽しい日々をよく思い出します。
復活祭が近づいてきましたね。日本ではお祝いをすることはないので、復活祭が重要でありすてきな祭日であることを、皆さんと共に過ごして初めて知りました。あの日のことは決して忘れません。
穏やかな復活祭をお祈りします。そして、月曜の祝日をどうぞ楽しく過ごされますように。
一緒にいられないことを残念に思いつつ、心をこめてお祝いのことばを送ります。

## NOTA
1. mi dispiace (di) ～「～のことを残念に思う」～の部分は動詞の原形か名詞。
2. mi mancate：動詞が mancare で主語が voi。「あなたたちがいなくて寂しい」
3. rammaricandomi：原形は rammaricarsi。主節の主語に合わせ mi となる。

# 5 楽しい復活祭を！

ご無沙汰のお詫びや近況報告も兼ねた、親しい友達宛てのメールです。

---

oggetto: Buona Pasqua

Caro Luigi,

scusami se non ti ho scritto prima. Come stai?
Io sono sempre indaffarata con il lavoro, ma continuo a frequentare il mio corso di fotografia il venerdì sera. Tu vai ancora alle lezioni di Yoga?
Approfitto di questa email per[1] augurarti una buona Pasqua[2].
Andrai da qualche parte a Pasquetta? Il Lunedì dell'Angelo è sempre un giorno perfetto da trascorrere con gli amici. Se vai in un posto carino, fai delle foto e poi mandamele[3]!

Auguri.
Nana

---

件名：楽しい復活祭を
長い間ご無沙汰していてごめんなさい。元気にしてる？
相変わらず私は仕事が忙しいんだけど、金曜夜の写真の学校にはずっと通っています。あなたもずっとヨガのレッスンを続けてる？
いい機会なので、このメールで復活祭のお祝いのことばを送りたいと思います。
復活祭翌日の月曜にはどこかに行くの？ 毎年その月曜の休みは友だちと一緒に過ごすのにぴったりの日よね。もしどこかすてきな所に行くなら、写真を撮って送ってね！

## NOTA

1. approfitto di questa email per 〜：approfittare は「利用する」「〜のことも併せて告げるためにこのメールを利用する（＝書き送る）」
2. Pasqua は復活祭で日曜日。翌日の月曜が Pasquetta で休日。il Lunedì dell'Angelo とも呼ばれる。
3. mandamele: mandare の命令形に、me(mi から変化)と le(foto に代わる代名詞)がついた形。

# 6 お誕生日おめでとう

最近は誕生日のお祝いメッセージもメールで送ることが多いようです。

oggetto : Buon Compleanno

Cara Lia,

tanti auguri di buon compleanno. Hai visto che questa volta non me ne sono dimenticata[1]!?
Hai organizzato una festa per l'occasione[2] o vai a mangiare fuori con gli amici? Peccato che[3] viviamo lontane e non posso venirti a trovare!
Di nuovo[4] auguri e tanti bacini[5].
Aika

件名：お誕生日おめでとう
お誕生日おめでとう。今回はちゃんと覚えていたでしょう！？
自分でお誕生日のパーティーを企画したの？ それとも友だちと外食かな。遠く離れて住んでいて会いに行けないのが残念！
本当におめでとう。

## NOTA

1. non me ne sono dimenticata : ne は del tuo compleanno に代わる代名詞。「それを（＝あなたの誕生日を）忘れていなかった」
2. per l'occasione「その特別な行事（時）に際して」
3. peccato che ～「（che 以下のことが）残念だ」
4. di nuovo「再び」。初めのところですでに auguri と言っているので、最後にもう一度繰り返す場合に用いる。
5. tanti bacini「たくさんのキス」。親しい相手へのメールの最後に用いられる。

## VARIANTE

Tanti affettuosi auguri per un meraviglioso compleanno.
　　　すばらしい誕生日であることを心から祈っています。

# 7 結婚おめでとう

近々結婚する二人に宛てたメールです。心のこもったメッセージを送ります。

---

oggetto: Auguri per il vostro matrimonio

Cari Michele e Marcella,

apprendo con immenso piacere[1] la bella notizia del vostro imminente matrimonio. Questa celebrazione sarà l'inizio di una nuova vita in comunione e prosperità.
Mi dolgo[2] soltanto di non poter essere presente in questo giorno felice, poiché motivi di lavoro mi trattengono a Kyoto.
Congratulazioni vivissime[3] e tanti auguri di felicità.
Fumie

---

件名：ご結婚のお祝い
近々あなたたちが結婚するというすばらしい知らせを聞いて、とてもうれしいです。この結婚式が、共に生きていく実り多い新しい生活のスタートになるのですね。
ただ、その慶びの日に同席できないのが残念でなりません。仕事の都合でどうしても京都を離れられないのです。
心からの祝福をお送りします。どうぞお幸せに。

## NOTA

1. apprendo con immenso piacere「大きな喜びをもって聞く」
2. mi dolgo di ～「～のことが残念だ、～のことが悔やまれる」
3. congratulazioni vivissime「本当におめでとう」。congratulazioni は口頭でも使えるが、vivissime は手紙やメールに特有の表現。意味は「心からの」。✉ 8 の sentite も同様。

## VARIANTE

Con tanto affetto vi auguriamo un radioso futuro insieme.
　　おふたりのすばらしい未来を祈ります。どうぞお幸せに。

## 8 お嬢様のご結婚おめでとうございます

✉7よりもフォーマルな結婚祝いの文例です。

---

oggetto : Congratulazioni per il matrimonio di Sua figlia

Gent.mo Sig. Belmonte,

Le invio le mie più sentite congratulazioni per il matrimonio di Sua figlia, il cui sposo sembra essere[1] una persona veramente in gamba e affidabile. Sarà sicuramente un marito ideale per Sua figlia e un genero affettuoso per Lei.

La prego di[2] augurare loro da parte mia[3] tanta felicità e armonia.
Ichiro Takamoto

---

件名：お嬢様のご結婚のお祝い
お嬢様のご結婚、心よりお慶び申しあげます。新郎は非常に優秀で頼りになる方とお見受けいたします。きっとお嬢様にとって理想の夫となり、また娘婿としても、優しい義理の息子さんとなられることでしょう。
どうぞ新郎新婦のおふたりに、末永くお幸せにとお伝えください。

### 📝 NOTA
1. sembra essere ～「～であるように見える、思われる」
2. La prego di ～「～のことをあなたにお願いします」。日本語では「あなたに」だが Le ではない。「誰々に」の部分が直接補語をとることに注意。
3. da parte mia「私から。私の方から」。da me ではなくこの形を用いる。

### 🔄 VARIANTE
Felicitazioni e auguri vivissimi per una vita ricca di felicità e amore.
　おめでとうございます。末永く幸多き人生を、心よりお祈り申しあげます。

# 9 赤ちゃんのご誕生おめでとう

友人夫婦から赤ちゃん誕生の知らせが届きました。祝福のメールを送ります。

---

oggetto: Auguri per il vostro bimbo

Carissimi Lucio e Sara,

evviva, è nato il bambino da voi tanto desiderato. Sono sicura che sarà bellissimo e molto amato. I bambini rallegrano la vita e portano con la loro presenza tanta gioia. Se per voi non è un disturbo, mi piacerebbe[1] venirvi a trovare per conoscere il vostro piccolo.
Auguri, auguri e ancora auguri.

Con affetto.
La vostra amica
Yuki

---

件名:赤ちゃんのご誕生おめでとう
待望の赤ちゃんが生まれたのですね。かわいくてとても愛されていることでしょう。子供は人生を楽しくしてくれるし、子供がいるのは本当に大きな喜びです。もしご迷惑でなければ、赤ちゃんに会いにお宅に伺いたいと思っています。本当に本当におめでとう。

## 📝 NOTA
1. mi piacerebbe ～「～したいのですが」「～できるとうれしい（ありがたい）のですが」
～の部分は動詞の原形。願望を控えめに表す。

## 🔄 VARIANTE
Mi felicito per la nascita di Suo figlio. Sono sicuro che porterà tanta gioia a Lei e alla Sua gentile consorte. Congratulazioni e sentiti auguri.

　　お子様のご誕生おめでとうございます。奥様ともどもたいへんお喜びのことと存じます。心よりお祝い申しあげます。

# 10 赤ちゃんが生まれました

子供が生まれたときに、写真を添付して送る場合の文例です。同報送信なので、Cari amici として、それぞれの相手の名前はつけません。

---

oggetto: È nato!

Cari amici,

siamo felicissimi di comunicarvi[1] la nascita del nostro secondogenito[2] che tanto desideravamo, anche se forse non così presto. Si chiama Yukihide ed è un maschietto di tre chili e mezzo, nato il 6 ottobre a Kyoto. Ci auguriamo che possiate conoscerlo presto.
Cari saluti.

Anna e Take

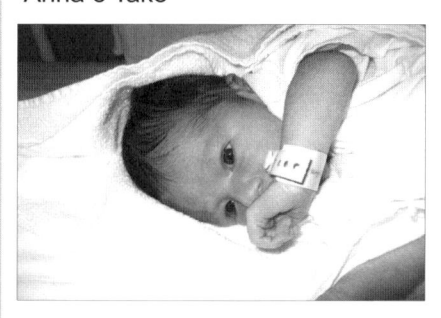

---

件名：生まれました！
友人のみなさん、念願の二人目の子供が誕生しました。こんなに早くはなくてもよかったんだけれど、ぜひ二人目が欲しいと思っていたのです。男の子で、名前は幸秀といいます。体重は3キロ半。10月6日に京都で生まれました。近いうちに皆さんに紹介したいと思っています。どうぞよろしく。

### NOTA
1. comunicarvi「あなたたちに知らせる」。動詞 comunicare は他動詞。直接補語をとるので注意。敬語で「あなたに」とするなら comunicarLa となる。
2. secondogenito「第二子」。次男とは限らず、長男の場合もある。女の子なら secondogenita (→ p. 35 参照)。

# 11 合格おめでとう

卒論の口頭試問に合格して卒業資格を取得した友だちに、お祝いを述べます。

---

oggetto: Complimenti per il conseguimento della laurea[1]

Mia cara Gisella,

desidero complimentarmi con te, perché ho saputo che[2] la tua discussione della tesi[3] è stata ineguagliabile. Mi hanno anche detto che il presidente e gli altri professori della commissione si sono complimentati con te. Bravissima! Sono proprio fiera di te[4].

Un grossissimo bacio.
Maki

---

件名：大学卒業資格取得おめでとう
あなたの卒論の口頭試問がずばぬけてよくできていたという話を聞きました。おめでとう。審査委員長はじめ、他の審査員の先生方もあなたのことをずいぶん誉めていたとか。すばらしいわ！ 私も鼻が高いです。本当におめでとう。

### 📝 NOTA
1. conseguimento della laurea「大学卒業資格取得」
2. ho saputo che ～「（che 以下のことを）聞いた、知った」
3. discussione della tesi「卒論の口頭試問」。数名の教授で構成される commissione（審査委員会）が審査を行なう。
4. sono fiera di te「私はあなたのことを誇りに思う」

### 🔄 VARIANTE
Congratulazioni sincere per la tua laurea con l'augurio di una carriera ricca di successi.

卒業おめでとう。輝かしい将来をお祈りしています。

## 12 開業おめでとう

親しい友人が念願の弁護士事務所を開業しました。ジョークも交えたお祝いのメールを送ります。

---

oggetto : Congratulazioni per il nuovo lavoro

Fiorella,

non ci posso credere[1]! Il tuo sogno di aprire uno studio legale si è avverato. Congratulazioni.
Sono sicuro che avrai lavorato duramente per realizzarlo. Ti farò tanta pubblicità[2] fra amici e conoscenti, anche se personalmente spero di non avere mai bisogno di una tua consulenza!!
Un caro saluto.
Naoki

---

件名：開業のお祝い
信じられないな！ 弁護士事務所を開業したいっていう夢がかなったんだね。本当におめでとう。
夢を実現するために、きっとすごくハードな仕事をこなしたんだろうね。友だちや知り合いに君の事務所のことを宣伝しておくよ。僕自身は、君のお世話にならないといけない事態にはなりたくないけどね!!

### 📝 NOTA

1. non ci posso credere!「そのことが信じられない」。「〜を信じる」というとき credere a 〜 となるので、代名詞は「a 〜」に代わる ci を用いる。
2. ti farò tanta pubblicità「君のことを宣伝する」

### 🔁 VARIANTE

Congratulazioni per il tuo nuovo lavoro! Sapevo che ce l'avresti fatta. Sono orgoglioso di te.

新しい仕事が決まったんだね。おめでとう。君ならきっとやれると思っていたよ。僕も誇らしく思います。

## ESPRESSIONI RELATIVE ✉

Tanti auguri di buon compleanno. Spero che tu abbia trascorso una stupenda giornata con la tua famiglia e i tuoi amici.
　お誕生日おめでとう。ご家族や友だちとすばらしい一日を過ごせるよう願っています。

Congratulazioni per il vostro matrimonio. Siete una coppia eccezionale e sono fiera di essere vostra amica. Vi auguro una vita insieme piena di felicità.
　ご結婚おめでとうございます。あなたたちは本当にすてきなカップルで、私は友だちであることを誇りに思います。どうか共に幸せいっぱいの人生を送られるよう祈っています。

Complimenti per aver superato a pieni voti un esame così difficile. Sei stato bravissimo. Sono fiera di te. Bravo!
　合格おめでとう。すごく難しい試験なのに満点で合格。立派だったね。私も鼻が高いです。やったね！

Complimenti per il tuo nuovo lavoro. Sei stata molto brava a trovare un lavoro di così alto prestigio. Sono veramente contenta per te.
　新しい仕事が決まったとのこと、おめでとう。こんなに評価の高い良い仕事に就けるなんて、あなたはとても優秀ね。本当によかったと思います。

Oggi è il vostro venticinquesimo anniversario di matrimonio, le vostre meravigliose "nozze d'argento". Vi auguro un mondo di felicità. Siete una coppia stupenda.
　今日はあなたたちの25回目の結婚記念日、銀婚式というすばらしい日ですね。末永くお幸せに。おふたりはすばらしいご夫婦です。

Finalmente ti hanno dimesso dall'ospedale! È stato un ricovero lungo, ma tu hai sopportato la malattia con grande forza d'animo e coraggio. Complimenti e auguri per una completa guarigione. Un abbraccio.
　やっと病院から解放されたね！　長い入院生活だったけど、君は強い気持ちでがんばって病気に耐えた。すっかり良くなって本当によかった。無理するなよ。

# 10

## 励まし・お見舞い・お悔やみを伝える

人生の大切な節目を前にした知人には、励ましのメールを送ってみましょう。また、病気や事故、災害などの知らせを受けとったときには、「心配している」という自分の気持ちをいちはやく伝えたいものです。また、ときには訃報に接することもあります。お見舞いやお悔やみは、短くても心のこもった手紙を郵送するのが好ましいですが、昨今はメールもよく使われます。ここではメールで気持ちを伝える文例を見ていきましょう。

# 1 試験がんばって

大学院の入学試験が間近に迫った義弟を励ますメールです。

---

oggetto : In bocca al lupo[1] per l'esame

Caro Luca,

come stai?
Finalmente questo venerdì affronterai l'esame di ammissione per il Corso di Master. So che tu hai continuato a studiare fino a questo momento con grande impegno e sarai quindi molto preparato.
Sono sicuro che supererai questa prova senza problemi.
Adesso cerca di rilassarti e ti raccomando di[2] dormire la notte prima dell'esame sonni tranquilli.
Attendo buone notizie. In bocca al lupo!

Con affetto e stima.
Tuo cognato[3] Katsuya

---

件名:試験がんばって
元気かい?
今週金曜、ついに修士課程の試験を受けるんだね。これまで一生懸命真剣に勉強を続けてきたのは僕も知っている。だから万全の態勢で臨めるだろう。
間違いなくこの試験に合格すると確信しているよ。
リラックスするよう心がけて、試験の前日はゆっくりと睡眠をとるようにしないとだめだよ。
良い知らせを待っている。がんばれよ。

## NOTA
1. in bocca al lupo「がんばって、健闘を祈るよ」。試験や舞台などの上演に臨む人に対する表現。口頭でも使う。口語での返答は Crepi! という。
2. ti raccomando di ~「~するように勧める、願う」
3. cognato は義兄あるいは義弟。このメールでは義兄の意。イタリア人の妻の弟に宛てている。

## 2 元気を出して

友だちが失業してしまいました。励ますと同時に、自分の仕事を手伝ってくれないかと誘う例です。

---

oggetto : Su con la vita!

Carissima Lara,

ho saputo che la tua ditta è fallita e non posso ancora crederci!
Non rattristarti troppo[1] se hai perso il lavoro, non sei la sola[2] in questo periodo. Stiamo tutti attraversando una fase economica critica a livello internazionale e possiamo solo sperare in una prossima ripresa.
Se te la senti, potresti aiutarmi nel mio lavoro di traduzione. A volte ricevo richieste di traduzioni che riguardano prodotti italiani. Che ne dici di darmi una mano? La paga non è molto alta, ma è sempre qualcosa. Pensaci.

Un forte abbraccio.
La tua amica di sempre
Rikako

---

件名：元気を出して！
あなたの勤める会社が倒産してしまったと聞きました。信じられない思いです。
仕事を失ってしまったけれど、どうかあまり悲しまないで。この時期、あなた以外にも職を失う人が多くいます。世界的に経済が深刻な危機に瀕していて、誰もがそんな状況なのだから、この先、景気が回復するのを望むしかすべがないのです。
ところでもしよかったら、私の翻訳の仕事を手伝ってもらえないかしら。ときどきイタリアの製品に関する翻訳依頼があるのです。どうかしら、手を貸してもらえる？ 報酬はあまり良くないけど、多少なりとも支えになればと思います。考えてみて。

### NOTA
1. rattristarsi「悲しむ、気を落とす」。Non rattristarti は tu に対する否定の命令形。
2. non sei la sola「あなたが唯一ではない」。相手が男性なら il solo。

## 3 インフルエンザ、おだいじに

インフルエンザにかかった友だちにお見舞いのメールを送ります。

---

oggetto: Ti senti meglio[1]?

Cara Rina,

ti sto scrivendo questa email perché ho appena saputo da Laura che hai preso l'influenza[2]. Come stai adesso? Ti senti ancora molto male?
Sicuramente non avrai le forze di accendere il computer per controllare la tua posta elettronica ed effettivamente è meglio che[3] tu non lo faccia e rimanga a letto al caldo. Quando, però, ti sentirai meglio, ti prego di rispondermi per farmi sapere come stai.

In attesa di tue notizie, ti auguro una pronta guarigione[4].
Aiko

---

件名：具合はどう？
あなたがインフルエンザにかかったという話をたった今ラウラから聞いて、メールしています。具合はどうなの？　まだだいぶひどいの？
きっとパソコンを起動させてメールチェックする力もないでしょう。今は何より暖かくしてじっと寝ているのがいいよ。でも具合が良くなったらメールで様子を知らせてね。待っています。どうかおだいじに。

### NOTA

1. **ti senti meglio?**「気分、具合は良くなった？」。再帰動詞 sentirti を用いる。
2. 他の病気として、il raffreddore（風邪）、il morbillo（はしか）、l'intossicazione alimentare（食中毒）。
3. è meglio che ~「～する方がよい」。che の節の動詞は接続法。non lo faccia は「そんなことをせずに」つまり「パソコンのメールチェックなどせずに」。
4. 「早い回復を祈ります」。una pronta guarigione は「速やかな回復」。

# 4　お見舞いメールありがとう　✉3 (p.154)

✉3に対する返事です。回復したことを伝え、感謝の気持ちを表します。

---

**oggetto:** Sono guarita

Cara Aiko,

grazie per la tua email e per esserti preoccupata[1] della mia salute. Sei sempre così affettuosa! Sei una vera amica!
Scusa se[2] ti ho fatto preoccupare[3], ma adesso sto molto meglio. Lunedì scorso mi è venuta la febbre alta e ho avuto anche un forte mal di pancia che mi ha causato vomito e diarrea. Sono rimasta a letto senza riuscire a muovermi per ben tre giorni, ma ora sono quasi guarita. Ho intenzione di riprendere a lavorare la prossima settimana, quindi ci potremo rivedere presto.
Ti ringrazio ancora.

Un abbraccio.
Rina

---

件名:回復しました
メールありがとう。そして体のことを心配してくれてありがとう。いつも本当に優しく気遣ってくれて、良い友だちを持ったと思っています。
心配をかけてごめんね。でももうだいぶん良くなりました。先週月曜に高熱が出て、激しい腹痛もあって、嘔吐や下痢に苦しみました。丸三日の間ずっと寝ていて、起きられない状態だったけど、ようやくほぼ回復しています。来週から仕事にも出ようと思っているので、近いうちに会えます。
本当にありがとう。

## ✎ NOTA

1. **per esserti preoccupata di ～**：preoccuparsi（心配する）という再帰動詞の近過去形なので助動詞は essere。per の後なので原形。e が落ちて再帰代名詞 ti がつく。
2. **scusa se ～**：～のことを謝る表現。
3. **ti ho fatto preoccupare**：fare は使役動詞。「心配させた」

## 5 お母さんが入院なさったと聞いたけど

家族が入院した友だちに送るメールです。一日も早い退院をお祈りすると同時に、友だち本人に対して、病院通いと仕事の両立の苦労をねぎらいます。

---

oggetto: Come sta tua madre?

Caro Fabio,

ho saputo che tua madre è stata ricoverata. Mi dispiace molto e sono preoccupata per lei. Come sta adesso? Quando dovranno operarla?
Prego ogni giorno perché[1] si possa riprendere presto e senza ricadute.
So che vai a trovarla ogni giorno per starle vicino, nonostante tu abbia sempre tanto lavoro. Ti ammiro molto per questo. Cerca, però, di non stancarti troppo.
Salutami tanto tua madre[2] e augurale[3] da parte mia una pronta guarigione.

Un abbraccio.
Sayaka

---

件名:お母さんの具合はどう?
お母さんが入院されたと聞きました。たいへんね。とても心配しています。今どんなご様子なの? 手術はいつ?
早く回復されて、再発することのないようにと毎日祈っています。
いつも仕事で忙しいのに、あなたはお母さんのそばにいてあげるために毎日病院に面会に行っているのね。立派だと思います。でもどうか無理しないようにね。
お母さんにくれぐれもよろしく。どうかおだいじにと伝えてください。

### NOTA
1. prego perché ~ 「~であるように祈る」。perché の節の動詞は接続法。
2. salutami tua madre:salutare は他動詞。前置詞 a は不要。
3. augurale は augurare の tu に対する命令形。le は「彼女に」。この文は、「お母さんに、私からの願いとして早い回復を願ってね」

# 6 地震、大丈夫?

日本に在住するイタリア人の友だちが住む地域で、大きな地震がありました。被害を受けていないかどうか、心配して送るメールです。

---

oggetto : Il terremoto[1]

Caro Giulio,

alla televisione hanno dato la notizia del terremoto[2] che ha colpito la tua città. Dalle nostre parti abbiamo sentito solo una piccola scossa, ma io sono molto preoccupata per te che abiti proprio vicino all'epicentro. Stai bene? La tua abitazione ha subito danni? Adesso com'è la situazione lì da te?
Dammi subito tue notizie[3]. Inoltre, se dovessi avere bisogno di qualcosa[4], non farti nessuno scrupolo a dirmelo. Farò di tutto per aiutarti.

Con affetto.
Keiko

---

件名:地震
あなたが住んでいる地域で地震があったというニュースをテレビで見ました。私たちの方は少し揺れただけだけど、あなたのところは震源地のすぐ近くだからとても心配です。大丈夫? 家は被害を受けた? 今の状況はどんな感じなの?
すぐにでも様子を知らせて。それから、何か必要なものがあれば一切遠慮なしに言ってね。できる限りのことはしたいと思っています。

### NOTA
1. 他に、grande nevicata(大雪)、tifone(台風)、incendio in montagna(山火事)
2. alla televisione hanno dato la notizia di ～「テレビで～のニュースを報道した」
3. dammi tue notizie「あなたの近況(様子、状況)を私に与えて(知らせて)くれ」
4. 「もしもあなたが何か必要とすることを余儀なくされたら」の意。

# 7 心配してくれてありがとう  ⤺✉6 (p.157)

✉6に対する返事。無事を知らせ、心遣いに感謝する気持ちを伝えます。

---

**oggetto:** Re: Il terremoto

Carissima Keiko,

grazie per avermi pensato[1]. È vero. Ieri c'è stato un forte terremoto e qui lo abbiamo sentito tutti, perché l'epicentro era molto vicino. Io, comunque, sto bene e inoltre la mia abitazione non ha subito molti danni, se non[2] delle crepe più o meno vistose qua e là nei muri.
Adesso sto finendo di sistemare gli oggetti caduti dai mobili. Ad ogni modo, penso di essere stato molto fortunato, ringraziando il cielo. Infatti, c'è tanta gente che sta peggio di me.
Grazie di tutto e se dovessi avere bisogno di qualcosa, te lo farò sapere[3].

Un abbraccio.
Giulio

---

件名：Re: 地震
心配してくれてありがとう。そうなんだ。昨日大きな地震があって、ここは震源地からかなり近かったから、誰もが感じるほどの揺れだった。ともかく僕は無事で、家もそんなに被害はない。外壁のあちこちに、見えるか見えないかぐらいの亀裂が入った程度だ。
今、家具から落ちたいろんな物を、ようやく片付け終えかけたところだ。いずれにしても、僕はとても幸運だったと思う。感謝すべきことだ。実際僕よりひどい状況の人たちもおおぜいいるんだ。
いろいろありがとう。何か必要なものがあれば知らせるよ。

### ✎ NOTA
1. pensare a ～で「～のことを考える」したがって mi は間接補語。
2. se non ～「～以外」。この文は「～以外の被害はあまり被らなかった」
3. **te lo farò sapere**：「君にそれを知らせるつもりだ」

# 8 テロがあったと聞いて心配しています

ジェノヴァ在住の友だちの自宅近くでテロがあったことを知り、心配して送るメールです。

---

oggetto : L'attentato terroristico di ieri

Cara Barbara,

oggi ascoltando il giornale-radio, ho sentito che a Genova, vicino al porto, c'è stato un attentato terroristico. Pare che ci siano stati anche dei morti[1]. Abiti ancora dalle parti del porto? Non credo che tu sia stata direttamente coinvolta nell'attentato, ma sono ugualmente preoccupata per te, perciò dammi subito tue notizie e fammi sapere come stai. Mi raccomando[2]!

Baci.
Harumi

---

件名：昨日のジェノヴァのテロ事件
今日、ラジオニュースで、ジェノヴァの港近くでテロ事件が起こったと言っていました。死者も出たようです。あなたは今も港の方に住んでるの？ 事件に直接巻き込まれたりしていないとは思うけど、やっぱり心配です。すぐに様子を知らせてきて。無事なのか教えてね。お願い。

## NOTA

1. pare che ci siano stati dei morti：pare che「～のようだ」の節には接続法を用いる。morti は「死者」。dei は部分冠詞。「負傷者」は feriti、「犠牲者」は vittime という。
2. mi raccomando!「どうかお願いだ！ 頼むよ！」

## 9 お姉さんのご冥福を心から祈ります

親しい友だちのお姉さんが亡くなりました。自分の友人でもある彼女の死を悼み、思い出を語ります。友だちの悲しみに寄り添う気持ちを表すメールです。

oggetto : Tutto il mio dolore per la scomparsa[1] di una cara amica

Caro Adriano,

in questo doloroso giorno che ci unisce nella tristezza per la scomparsa della tua adorata sorella, ti esprimo le mie più sentite condoglianze[2]. È ancora vivo in me[3] e nella mia famiglia il ricordo della cara Gabriella.
A noi piace ricordarla[4] quando, nei giorni di festa, alzava il bicchiere di vino e sorridente diceva con la sua voce allegra "alla vostra salute, cin cin".
Ti prego di metterti in contatto con me per qualsiasi cosa di cui tu avessi bisogno. Sarò a tua completa disposizione[5].

Shinichi

件名：深い悲しみにくれています
君の最愛の姉さんが亡くなって、君と悲しみをともにしながら僕もこの辛い日を過ごしています。心からの哀悼の気持ちを送ります。僕と僕の家族の心のなかには、ガブリエッラの思い出が今でも生きているんだ。
パーティーの日、ワイングラスを掲げて、にっこり笑って、あのいつもの明るい声で「みんなの健康を祝して、乾杯！」と言っていたのを懐かしく思い出すよ。
何か僕にできることがあったらどんなことでも連絡してほしい。力になりたいと思ってる。

### 📝 NOTA
1. scomparsa「死去」の婉曲的な語。
2. **le mie più sentite condoglianze**：condoglianze は「哀悼の意」。ti esprimo「君に対して表す」
3. è ancora vivo in me：主語が il ricordo なので vivo はこの形（男性形）。
4. a noi piace ricordarla「私たちは好んで彼女のことを思い出す」の意。
5. **essere a disposizione di** ～：「～の意に沿う心づもりがある」という意味。

# 10 ご冥福をお祈り申しあげます

取引先の会社の取締役の訃報に接し、社長宛てにお悔やみのメールを送ります。形式的ななかにも、故人の人柄を偲ぶ内容を含めます。

---

oggetto : Condoglianze vivissime[1]

Gentile Presidente Raffaeli,

mi permetta di[2] comunicarLe tutto il mio dispiacere per la scomparsa del Suo fedele amministratore Lucio Pavesi, della quale sono venuto a conoscenza[3] tramite la comunicazione riportata nel sito web della Sua azienda. Sono molto dolente e rattristato per la perdita di una tanto stimata persona, con la quale ho sempre avuto ottimi rapporti di lavoro. Desidero porLe le mie più sincere e profonde condoglianze.

Il Presidente della Fastel Japan
Katsuo Morimoto

---

件名:ご冥福をお祈り申しあげます
御社取締役ルーチョ・パヴェージ氏がご逝去されました旨、御社のウェブサイトで拝読し、哀悼の意を表したいと存じます。まことに深い悲しみに堪えません。氏はきわめて優れた方で、私どもも仕事を通じてつねに親しくお付き合いいただいておりました。心からお悔やみを申しあげます。

## 📝 NOTA
1. condoglianze vivissime「心からの哀悼の意」
2. mi permetta di 〜:直訳は「〜することをお許しください。」
3. della quale sono venuto(女性なら -a) a conoscenza「そのことについて知るに至った」

## 🔄 VARIANTE
La ringrazio per le condoglianze da Lei inviatemi per la scomparsa del mio caro collaboratore. Le Sue parole, in questo triste momento, sono state un grande conforto per tutti noi.

　私の親愛なる盟友の逝去に際してご弔辞を賜り、ありがとうございます。悲しみに包まれたなかで、あなた様のご弔辞はわれわれにとって大きな慰めとなります。

## ESPRESSIONI RELATIVE ✉

Desidero augurarti un grande successo per il prossimo concorso musicale al quale parteciperai. Sono sicuro che suonerai benissimo. In bocca al lupo!

 次回参加する音楽コンクールの大成功を祈ります。必ずうまく演奏できると信じています。がんばってね！

Mi hanno detto che ti sei rotto un braccio. Mi dispiace. Cerca di non muoverti troppo e non pensare sempre al lavoro. Quello può aspettare. Ti auguro di guarire presto.

 腕を骨折したという話を聞きました。心配しています。あまり動かないようにして、仕事のことを考えすぎないようにね。仕事は待ってくれるから。早く回復するよう祈っています。

Sono molto addolorato per la malattia di Sua moglie. Spero con tutto il cuore che possa lasciare presto l'ospedale. Le auguri da parte mia una pronta guarigione.

 奥様のご病気に心を痛めております。早くご退院なさいますよう心からお祈りいたしております。どうぞおだいじにとお伝えください。

Sul giornale ho letto un articolo che parlava della grande alluvione che ha colpito il vostro paese. Voi state bene? La vostra abitazione ha subito dei danni? Attendo urgentemente vostre notizie.

 あなたたちの町を大洪水が襲ったという記事を新聞で読みました。大丈夫ですか？ お住まいは被害を受けたのでしょうか。一刻も早いお返事を待っています。

Con profondo dispiacere desidero informarvi della scomparsa del nostro caro amico e collega Vincenzo Minuzzi che ieri sera ci ha lasciato per sempre. Il dolore per la scomparsa di una persona come lui, di grande valore morale e di adorabile gentilezza, è immenso.

 まことに残念なことに、我々の親愛なる同僚にして友人のヴィンチェンツォ・ミヌッツィ氏が昨日逝去されたことをご報告いたします。氏のように徳の高い、寛大な敬愛すべき人物を失って、悲しみに堪えません。

# 11

## ブログやサイトに書き込む

最近では、ファンサイトやインターネット・ショッピングなどに直接メッセージを書き込める機会が増えました。好きなアーティストに思いを伝える、本を読んだ感想を書く、購入した商品を評価するなど、いくつかの文例を見ていきましょう。

# 1 ファンレター ①

大好きなサッカー選手のファンサイトに激励のメッセージを書き込みます。熱烈なファンとして、熱い想いをこめて語りかけます。

---

oggetto: Sei il numero UNO

Ciao Alex,

non ho mai scritto un commento su un sito per fan, ma adesso ho deciso di farlo[1], perché tu sei il mio idolo e io ti adoro. Sei il miglior capitano che sia mai esistito e la nostra squadra con te vincerà sempre. Oltre a essere il miglior calciatore del mondo, sei anche bellissimo. Spero di poter assistere a tutte le tue partite future. Sono una tua tifosa da quando avevo 13 anni e lo rimarrò per sempre.

Grazie per giocare sempre in modo stupendo. Non smetterò mai di tifare[2] per te. Una tua fan sfegatata.
Aiko Sugiura

---

件名：あなたはナンバーワン
これまでファンサイトに書き込んだことはなかったんだけど、今回書くことに決めました。あなたは私のヒーローで、大好きな選手だからです。今までで最高のキャプテンであり、あなたがいればわがチームは全戦全勝でしょう。世界一のサッカー選手であるだけでなく、すごくかっこいいです。これからもあなたの試合は全部見たいと思っています。13歳のときからずっとファンで、今後もファンであり続けます。
いつもすばらしいプレーを見せてくれてありがとう。これからもあなたを応援し続けます。熱狂的なファンより。

## 📝 NOTA

1. farlo：scrivere un commento su un sito per fan を言い換えている。
2. tifare「ファンとして熱烈に応援する」。名詞は tifo。形容詞は tifoso。

## 2 ファンレター ②

オペラ歌手のファンサイトに、コンサートの感想と激励メッセージを書き込みます。Tu で語りかけますが、✉1 よりはやや改まった口調です。

---

oggetto : Interpretazione[1] sublime

Caro Andrea,

sono una tua grande fan. Ho deciso di scriverti, perché la tua ultima interpretazione della Cavalleria Rusticana è stata veramente fantastica. La tua voce stupenda mi ha riscaldato il cuore. Sono convinta che la tua incredibile forza di volontà e il tuo grande impegno ti abbiano reso il miglior cantante di opera lirica del mondo. La tua ultima interpretazione, alla quale ho assistito[2] con piacere immenso, è stata unica e impareggiabile. Ti prego di continuare a cantare sempre così.

Spero di poter venire a vederti al Teatro alla Scala la settimana prossima. Un grande e affettuoso saluto.
Runa Saito

---

件名：すばらしい歌でした
私はあなたの大ファンです。書き込みをすることにしたのは、あなたがいちばん最近に歌った『カヴァッレリーア・ルスティカーナ』が本当にすばらしかったからです。あなたのすてきな歌声は、私の心を温かくしてくれました。あなたは、想像を絶するような強い意志の力と多大な努力の末に、世界で最も優れたオペラ歌手になったのですね。いちばん最近の公演で歌を聴いて、私は心から感動しました。誰にもまねできないぐらい最高でした。これからもずっとあんなふうに歌い続けてくれるよう願っています。来週のスカラ座公演に行くのを楽しみにしています。

### NOTA
1. interpretazione「(曲を) 演奏すること」「歌うこと」「(役を) 演じること」
2. la tua ultima interpretazione, alla quale ho assistito：quale は関係代名詞。前置詞、定冠詞とともに使う用法。

## 3 本のレビューに書き込む

本のサイトにレビュー（感想・評価）を書き込みます。論評などに用いるやや硬めの表現が入っています。

---

oggetto : Recensione del libro "Un mondo di Baci"

È[1] un libro di facile lettura. Non ci sono grosse sorprese nella storia e, forse per questo, la trama finisce per[2] essere troppo prevedibile. I personaggi, però, sono abbastanza credibili e i loro stati psicologici sono descritti accuratamente. Nel complesso[3] direi che si tratta di[4] una storia romantica ma non troppo, con toni a volte drammatici e a volte divertenti. Il finale mi ha lasciato qualche dubbio, ma in fin dei conti[5] è un libro che consiglio a tutti di leggere, soprattutto agli amanti del genere "rosa".

Kazunori Arai

---

件名：『キスの世界』を読んでの感想

読みやすい本だ。物語の展開に大きな驚きがあるわけではなく、おそらくそのために、やすやすと予測できる筋書きになっている。しかし、登場人物はかなりリアルで、その心理状態は丹念に描かれている。だいたいにおいてはロマンチックな話だといえるだろうが、それが過ぎるわけでなく、ときにはドラマチック、ときにはユーモラスな感じを漂わせる。結末にはやや疑問が残ったが、結論としては、どんな読者にでもお勧めできる作品であり、とくに"センチメンタルな"類の小説が好きな読者には向いているだろう。

### NOTA

1. 敬辞がない場合は、文章のはじめとして大文字で始める。✉4 も同様。
2. finisce per：finire per 〜で「しまいに〜することになる」
3. **nel complesso**：in complesso ともいう。「総括して」
4. direi che si tratta di 〜：条件法現在を用いて che 以下の内容を自分の意見として述べる表現。si tratta di 〜は、この形で「〜である、〜のことである」
5. **in fin dei conti**：「要するに、結局」

## 4　商品の使い勝手についてコメントする

商品サイトに評価や感想を書き込みます。赤ちゃんの食事用のよだれ掛けについて、便利な点や使い勝手の良さなどをコメントします。

oggetto : Un bavaglino fantastico!

Questo nuovo tipo di bavaglino è molto facile da usare[1]. Si lega al collo con facilità e assorbe bene lo sporco, ma lavandolo in lavatrice, anche a basse temperature, diventa pulito e come nuovo. Io ho una figlia di 1 anno e 3 mesi che mangia già da sola, ma che sporca in una maniera indescrivibile. La grande tasca esterna del bavaglino, però, raccoglie tutto il cibo caduto dal suo piatto, così io non ho bisogno di pulire per terra dopo ogni suo pasto. I colori della stoffa sono molto delicati e il motivo floreale stampato davanti è proprio carino.

Ai Yanagida

件名：すごくいいよだれ掛けです！
この新製品のよだれ掛けは、とても使いやすいです。簡単に首のところで結べて、よだれをよく吸い取り、洗濯機で低温でも洗えて、新品同様にきれいになります。1歳3か月の娘はもう一人でごはんを食べるのですが、その汚し方と言うと、ただごとではありません。でも、このよだれ掛けは外側に大きなポケットが付いていて、食器からこぼれた食べ物が全部そこに入るようになっています。だから、娘の食事のたびに後で床を掃除しなくてもいいのです。生地はとても優しい感じの色合いで、前の部分にプリントされたお花の模様がすごくかわいいです。

### NOTA
1. è molto facile da usare：da は「～するのに、～するために」。直訳は「使うのに非常に簡単便利である」

## ESPRESSIONI RELATIVE ✉

L'ultima partita che hai giocato a Wimbledon mi ha un po' deluso, anche se so che il tuo avversario era molto forte e in una perfetta forma fisica. Spero che tu riesca a fare di meglio nelle prossime partite.
　ウィンブルドンの最後の試合には、ちょっとがっかりしました。確かに相手がすごく強くてコンディションも最高の状態ではあったんだけど。これからの試合で良いプレーをしてくれるといいなと思います。

Sarò sempre una tua fan, perché sei un attore meraviglioso. I tuoi film sono sempre interessanti e le tue interpretazioni impeccabili. Non vedo l'ora che esca il tuo nuovo film.
　これからもずっとあなたのファンであり続けます。あなたはすばらしい俳優だから。あなたの映画はいつもおもしろいし、あなたの演技は完璧。新作が出るのをすごく楽しみにしています。

Questo romanzo è pesante e la trama è stupida. Vi consiglio di non leggerlo, perché ne rimarreste molto delusi.
　この小説は、退屈でストーリーがばかげている。読者はきっとがっかりするだろうから、お勧めできない。

Il talkshow di ieri mi è piaciuto molto. Il presentatore è stato bravissimo a sintetizzare il problema affrontato nella puntata e gli ospiti hanno espresso le loro opinioni in modo molto convincente.
　昨日のトークショーはとても良かった。司会者は、番組で取り上げる問題をとてもうまくまとめていたし、ゲストも、非常に説得力のある表現で意見を述べていた。

Consiglio questo prodotto a chi ne ha urgente bisogno e non trova di meglio, ma vi posso assicurare che in giro ci sono modelli decisamente migliori.
　この商品は、どうしても今すぐ必要だとか、他に良いのが見つからないとかいう人には勧めてもいいが、もっと良いデザインのものがきっと出回っていると思う。

尊称・肩書き（称号）の省略形
本書で使った語句・表現

## 尊称・肩書き（称号）の省略形 ▼

### 尊称の省略形

| | |
|---|---|
| **ch.mo** = chiarissimo<br>**ch.ma** = chiarissima | 大学教授に用いる尊称。<br>例 Ch.mo. Prof. Mercalli |
| **egr.** = egregio | 男性にのみ用いる。<br>例 Egr. Sig. Borghini |
| **gent.** = gentile | 男性・女性どちらにも用いられる最も一般的な尊称。後続の肩書きは sig., prof., dott. など。<br>例 Gent. Prof. Valguarnera<br>　　Gent. Sig. Giacchetti |
| **gent.mo** = gentilissimo<br>**gent.ma** = gentilissima | gent. と同様、よく用いられる一般的な尊称。<br>例 Gent.ma Prof.ssa Gervasi |
| **ill.mo** = illustrissimo<br>**ill.ma** = illustrissima | 企業・会社の社長などの役職にある人に用いられる。<br>例 Ill.mo Presidente della DEF&Co. |
| **spett.** または **spett.le** = spettabile | 個人ではなく、企業や会社、学校などの組織・団体に用いられる。<br>例 Spett.le Impresa Vetri di Murano |

### 肩書き（称号）の省略形

| | |
|---|---|
| **sig.** = signore | 男性。 |
| **sig.ra** = signora | 女性。 |
| **sig.na** = signorina | 未婚女性。現在は、あまり用いられなくなりつつある。 |
| **sigg.** = signori | 男性を含む複数。夫妻に対しても用いる。 |
| **sigg.re** = signore | 女性の複数。 |
| **dott.** = dottore<br>**dott.ssa** = dottoressa | 大学卒の学位（おもに人文学系）をもつ人。dr. とともに、医師についても用いられる。 |
| **ing.** = ingegnere / ingegnera | 工学系の学位をもつ人。技師。<br>＊そのほか、**avv.** = avvocato(-a) 弁護士、**arch.** = architetto (-a) 建築士などがある。 |
| **prof.** = professore（**proff.**） | 男性の教授。（　）は男性を含む複数。 |
| **prof.ssa** = professoressa（**prof.sse**） | 女性の教授。（　）は複数。 |

## 本書で使った語句・表現 ▼

アルファベット
OS                               sistema operativo 男 *110*
USB メモリ                       supporto esterno USB 男 *105*
　（USB メモリを）装着する       inserire *105*

あ
相変わらず                       sempre *34*
（〜の）間（に）                  durante 〜 *92, 112*
空いている                        (essere) libero *45, 52, 128*
哀悼の意                          condoglianze 女 複 *160*
あいにく                          purtroppo *48, 70, 97, 114*
会う（＝主語が複数。互いに会う）  incontrarsi *32, 44, 70, 92*
〔人に〕会う                      incontrare *qlcu. 57, 74, 86*
                                  vedere *qlcu. 36, 92*
アドバイス                        consiglio 男 *39, 86*
アドレス→メールアドレス
（〜について）謝る                scusarsi di 〜 *77*
あらかじめ                        in anticipo *85*
                                  previamente *106*
ありがたい                        essere grato *108*
ありがとう→【本文の書き方】*15-16* 参照
　　　　　→【3．感謝の気持ちを伝える】*56-66* 参照
（〜の）アレルギーがある          essere allergico a 〜 *131*
（〜と）併せて                    insieme a 〜 *130*
（〜に）合わせる                  venire〔andare〕incontro a 〜 *95*
〔人を〕案内する                  portare in giro *qlcu. 84*
                                  accompagnare *qlcu. 113*

い
（…するのが）いい                è meglio che + 接続法 *70, 154*
以下の                            seguente *117, 120, 128*
以下のとおりです→【本文の書き方】*19* 参照
（〜）以外に                      oltre a 〜 *95*
「いかがでしょうか？」（＝〜できますか？）→【本文の書き方】*24* 参照
遺憾に存じます→【8．予約する・クレームする】*132-133, 136* 参照

*171*

| | |
|---|---|
| （これまで）以上に | più che mai *113* |
| いずれにしても | ad ogni modo *158* |
| 忙しい | essere impegnato *34* |
| 　（～が）忙しい | essere indaffarato con ～ *142* |
| 急ぎ～する | premurarsi di + 動詞の原形 *107* |
| 急ぐ | avere fretta *75* |
| いちばん～な | il / la più + 形容詞 *82* |
| 一生懸命 | con grande impegno *152* |
| 「いつでも～してください」（＝遠慮しないで）→【本文の書き方】*26* 参照 | |
| 一泊（につき） | a notte *81* |
| 祈る→【9. 慶び・お祝いを伝える】*138-150* 参照 | |
| 　　→【10. 励まし・お見舞い・お悔やみを伝える】*152-162* 参照 | |
| 依頼する→【5. 依頼する・相談する】*80-90* 参照 | |
| 〔人に〕（～を）依頼する | chiedere qlco. a qlcu. *71* |
| | richiedere qlco. a qlcu. *100, 107* |
| いる→滞在する | |
| 要る→必要 | |
| 祝う→【9. 慶び・お祝いを伝える】*138-150* 参照 | |

う

| | |
|---|---|
| ウェブサイト→サイト | |
| うれしいです→【本文の書き方】*15-16, 25* 参照 | |
| 　（～が）うれしい | essere felice di + 動詞の原形 / 名詞 *94, 104* |
| 　（～することが）うれしい | fa piacere + 動詞の原形 *36, 93* |
| | che piacere + 動詞の原形 *35* |

え

| | |
|---|---|
| （～せざるを）得ない | essere costretto a + 動詞の原形 *72, 83, 133* |
| 選ぶ | scegliere *97, 116* |
| 延期 | proroga 女 *71* |
| 　延期する | spostare *78* |
| 　延期できない | improrogabile *114* |
| 遠慮しないで→【本文の書き方】*26* 参照 | |
| 「遠慮なしに言って」 | non farti nessuno scrupolo... *157* |

お

| | |
|---|---|
| （～に）応募する | partecipare a ～ *80* |
| （～し）終える | finire di + 動詞の原形 *158* |

*172*

| | |
|---|---|
| おかげさまで | per fortuna *35* |
| (〜の) おかげである | essere merito di 〜 *60* |
| お悔やみ→【10. 励まし・お見舞い・お悔やみを伝える】*160-162* 参照 | |
| 遅らせる | prolungare *78* |
| 送り返す | restituire *134* |
| 〔人に〕(〜を) 送る | mandare *qlco.* a *qlcu. 56* |
| | spedire *qlco.* a *qlcu. 69, 80, 83* |
| | inviare *qlco.* a *qlcu. 97, 107, 110* |
| 遅れ | ritardo 男 *71* |
| 教える | |
|   〔人に〕(〜を) 教える | insegnare *qlco.* a *qlcu. 32* |
|   (=〔人に〕〈〜の〉名前を挙げる) | dare il nome di *qlcu.* /*qlco.* a *qlcu. 81* |
|   (=説明する) | fornire (le) delucidazioni *128* |
|   (=示す) | indicare *108* |
|   →知らせる、説明する | |
| おそらく…だ | È probabile che... *134* |
| おだいじに→【10. 励まし・お見舞い・お悔やみを伝える】*154-156, 162* 参照 | |
| 「お手数ですが…」 | Mi dispiace disturbarLa... *121* |
| お願い | richiesta 女　favore 男 |
|   お願いがあります→【本文の書き方】*23* 参照 | |
|   お願いします→【本文の書き方】*22-23* 参照 | |
|   →【5. 依頼する・相談する】*80-90* 参照 | |
| 覚えている | |
|   (〜のことを) 覚えている | ricordarsi di 〜 *56* |
|   (〜を) 覚えている | ricordare *qlco. 77* |
|   (=〈〜を〉忘れていない) | non dimenticarsi di 〜 *143* |
| お見舞い→【10. 励まし・お見舞い・お悔やみを伝える】*154-156, 162* 参照 | |
| おめでとう→【9. 慶び・お祝いを伝える】*138-150* 参照 | |
| (〜を) 思い出す | ricordarsi di 〜 *38, 160* |

## か

| | |
|---|---|
| 会議 | riunione 女 *73, 96, 97* |
| 開業する | aprire *149* |
| 開催 | |
|   開催する | tenere *87, 89, 99, 101* |
|   開催する (=始める) | dare inizio a 〜 *98* |
| 外食する | mangiare fuori *93, 143* |
| 回復する | guarire *155, 162* |

| | |
|---|---|
| | riprendersi *156* |
| | stare meglio *70, 155* |
| 返す | ricambiare *56* |
| 〔人に〕(～を) 返す | restituire *qlco.* a *qlcu. 75, 76, 82* |
| (AからBに) 替える | cambiare da A a B *108* |
| (～にも) かかわらず | nonostante ＋ 名詞 *139* |
| | nonostante ＋ 接続法 *106, 107, 119, 156* |
| | sebbene ＋ 接続法 *135* |
| (…を) 確信している | essere sicuro che... *152* |
| 確認 | verifica 女 *83* |
| | conferma 女 *110, 129* |
| 〔人に〕(～を) 貸す | prestare *qlco.* a *qlcu. 76* |
| 風邪を引く | prendere il raffreddore *70* |
| がっかりする | rimanere deluso *168* |
| (夢が) かなう | avverarsi *149* |
| 悲しみに堪えない→【10. 励まし・お見舞い・お悔やみを伝える】*160-162* 参照 | |
| 悲しむ | rattristarsi *153* |
| かなり | abbastanza *50, 73, 88, 98, 166* |
| 可能 | |
| 　可能である | essere in grado di ＋ 動詞の原形 *105* |
| | essere possibile *118, 131* |
| 　　(＝認められている) | essere consentito *104* |
| 　可能ですか？ (＝できますか？)→【本文の書き方】*24* 参照 | |
| (～に) 通う | frequentare ～ *83, 142* |
| 〔人に〕代わって | da parte di *qlcu. 99* |
| 変わりない (＝「お変わりないですか」) →【本文の書き方】*16* 参照 | Mi auguro che stiate tutti bene. *34* |
| (～に) 関しては | riguardo a ～ *105* |
| 感謝する→【3. 感謝の気持ちを伝える】*56-66* 参照 | |
| 　〔人に〕(～について) 感謝する | ringraziare *qlcu.* per *qlco. 61, 80, 112, 113* |
| | essere grato a *qlcu. 84* |
| 　(天に／神に) 感謝する | ringraziare il cielo *158* |
| (～に対して) 関心が高い | essere sensibile a ～ *87* |
| (本の) 感想 | recensione 女 *166* |
| 「がんばって」 | In bocca al lupo (per ～) *152, 162* |
| 完了する | completare *135* |

き
　（〜を）記憶している　　　　　　　ricordarsi di 〜　*87, 99*
機会　　　　　　　　　　　　　　　occasione 女　*47, 112*
　（〜する）機会を持つ　　　　　　　capitare di + 動詞の原形　*123*
企画　　　　　　　　　　　　　　　progetto 男　*100*
　企画する→【6. 予定・企画を調整する】*92-114* 参照
　企画書→ *102* 参照
聞く
　（…かどうか）聞く　　　　　　　　chiedere se... *84*
　〔人に〕聞く（=〔人に〕問い合わせる）　rivolgersi a qlcu. *90*
　（知らせを）聞く　　　　　　　　　apprendere *144*
期日　　　　　　　　　　　　　　　i tempi definiti 男 複　*132*
　期日までに（=間に合うように）　　in tempo *78, 107, 114*
帰国　　　　　　　　　　　　　　　rientro *141*
　帰国する　　　　　　　　　　　　rientrare *39*
気づく（=わかる）　　　　　　　　　notare *117*
きっと…だ　　　　　　　　　　　　essere sicuro che... *149*
（パソコンを）起動させる　　　　　　accendere（il computer）*154*
気にしない　　　　　　　　　　　　non darsi pensiero *98*
　「（…であっても）気にしないで」　　Non preoccuparti se... *59*
記入する　　　　　　　　　　　　　compilare *83, 130*
希望（=希望するもの、好むもの）　　preferenza 女　*96*
　（〜を）希望します →【本文の書き方】*23-24* 参照
決める　　　　　　　　　　　　　　decidere *57, 70*
キャンセル　　　　　　　　　　　　cancellazione 女　*130*
　キャンセルする　　　　　　　　　disdire *130*
休暇　　　　　　　　　　　　　　　vacanze 女 複　*35, 138, 139*
　休暇で　　　　　　　　　　　　　per una vacanza *84*
恐縮ですが→申し訳ありませんが
興味
　（〜に）興味がある　　　　　　　　essere interessato a 〜　*89, 98, 99, 100*
　興味を起こさせる（→興味がある）　interessare a qlcu. *84, 116*
協力する（=一緒に仕事をする）　　　collaborare con qlcu. *110*
金額　　　　　　　　　　　　　　　cifra 女　*135*
近況→【1. 近況を尋ねる・報告する】*32-42* 参照
近々　　　　　　　　　　　　　　　presto *37*

く
具合
　「具合はどう？」 Come stai? *78*
　 Ti senti meglio? *154*
　　具合が良くなる sentirsi meglio *154*
　　具合が悪くなる（＝病気になる） ammalarsi *68*
（〜に）比べて rispetto a 〜 *42*
クレームする→【8. 予約・クレームする】*132-136* 参照
クレジットカード carta di credito 女 *129, 130*
　　クレジットカードでの支払い pagamento tramite carta di credito *135*

け
経験がある avere esperienza *123*
携帯電話 cellulare 男 *111*
契約 contratto 男 *132*
　〔人と〕契約を交わす firmare il contratto con qlcu. *132*
欠席 assenza 女 *73*
結論としては in fin dei conti *166*
（〜が）原因である a causa di 〜 *107*
元気です/元気ですか？→【本文の書き方】*16-17* 参照
「元気を出して！」 Su con la vita! *153*
現在の attuale *42*
研修 corso di formazione 男 *42*
　研修する→【5. 留学・研修の準備をする】*116-126* 参照

こ
幸運である essere fortunato *158*
光栄
　（〜することを）光栄に思う essere onorato di + 動詞の原形 *110*
　（〜であれば）光栄に思う essere onorato se... *101*
合格する superare *150, 152*
交換 cambio 男 *117*
　交換する scambiarsi *87*
　（AをBに）交換する sostituire A con B *117*
交通機関 mezzo di trasporto 男 *120*
（〜するよう）心がける cercare di + 動詞の原形 *152*
心からの sentito *145*
心のこもった affettuoso *62*

*176*

| | |
|---|---|
| 心より | premuroso *93* |
| 「こちらこそ！」 | di cuore *113* |
| 「こちらこそ（私の方こそ）」 | Ma figurati! *59* |
| （〜と）異なる | il piacere è stato tutto mio. *113* |
| 子供連れである | diverso da 〜 *134* |
| この | avere un bambino al seguito *136* |
| ご無沙汰しています→【本文の書き方】*24* 参照 | presente ＋ 名詞 *99, 107, 110* |
| （〜）込み | compreso 〜 *128, 136* |
| ごめんなさい→【4. 詫びる】*68-78* 参照 | |
| これまで | fino a questo momento *152* |
| 今後の | in futuro *72* |

さ
| | |
|---|---|
| サーバー | server 男 *69, 107* |
| 〔人と〕再会する | rincontrare qlcu. *112* |
| | rivedere qlcu. *113* |
| サイト | sito 男 *88, 95, 116 117, 128, 161* |
| 　サイトを見る | prendere visione sul sito Internet *116* |
| 　サイトに書き込む→【11. ブログやサイトに書き込む】*164-168* 参照 | |
| 採用 | assunzione 女 *126* |
| 幸い | per fortuna *68* |
| 　（〜できると）幸いです→【本文の書き方】*25* 参照 | |
| 先の | precedente *106* |
| 誘う→【2. 誘う・招く】*44-54* 参照 | |
| 　〔人を〕…するよう誘う | invitare qlcu. a ＋ 動詞の原形 *49* |
| （誰々がいなくて）〔人にとって〕寂しい | mancare molto qlcu. a qlcu. *38, 141* |
| 参加 | partecipazione 女 *89* |
| （〜に）参加する | partecipare a 〜 *51, 65, 73, 89* |
| 残念→【本文の書き方】*21, 25-26* 参照 | |
| 　（〜が）残念だ | essere dispiaciuto di 〜 *114* |
| | dolersi di 〜 *144* |
| | rammaricarsi di 〜 *141* |
| 　（…のことが）残念だ | Che peccato... *78* |
| | Peccato che... *143* |

し
次回の →次の

| | |
|---|---|
| 時間がある | avere tempo *80* |
| | esserci tempo *98* |
| 試験 | prova 女 *152* |
| | esame 男 *152* |
| 仕事 | occupazione 女　lavoro 男 |
| 　仕事で | per motivi di lavoro *36* |
| 　仕事の都合 | motivi di lavoro 男複 *144* |
| 　仕事を失う | perdere il lavoro *153* |
| 事故に遭う | avere un incidente *78* |
| 事情 | motivi personali 男複 *130* |
| 事前に | in anticipo *104* |
| （〜し）次第 | (non) appena＋動詞の原形 *33, 36, 58, 68* |
| （〜に）従う（＝遵守する） | rispettare *132* |
| 実現する | realizzare *41, 149* |
| 実際 | infatti *158* |
| 指定の | indicato *83* |
| （〜）してください→【本文の書き方】*26* 参照 | |
| （〜）しないといけない→（〜せざるを）得ない | |
| しばらく | da un pezzo *47* |
| （〜）しませんか？（＝〜するのはどうですか？）→【本文の書き方】*25* 参照 | |
| | →【2. 誘う・招く】*44-54* 参照 |
| 締切 | scadenza 女 *71* |
| 　締切を守る | rispettare la scadenza *72* |
| 修業する→【5. 留学・研修の準備をする】*122-126* 参照 | |
| 住所 | recapito 男 *42, 100* |
| | indirizzo 男 *66* |
| 　（住所を）教える | fornire (l'indirizzo) *66* |
| （〜で）十分だ（＝〜でよい） | essere sufficiente 〜 *130* |
| 週末 | fine settimana 男 *35, 36, 60, 71* |
| 主催する | organizzare *99* |
| 受信 | ricezione 女 *42* |
| 出張 | viaggio di lavoro 男 *36, 74, 86* |
| | viaggio d'affari 男 *94* |
| 順調である | procedere nel modo auspicato *34* |
| | procedere bene *44* |
| 使用 | utilizzo 男 *104, 105* |
| 　使用する | utilizzare *106, 110* |
| 紹介 | presentazione 女 *87, 88* |

| | |
|---|---|
| 〔人を〕（誰々に）紹介する | presentare *qlcu.* a *qlcu.* 50, 61, 90 |
| 詳細 | notizie più precise 女複 36 |
| | particolari 男複 37, 93 |
| | informazione 女 128 |
| 　詳細を記した | contenente tutti i dettagli 101 |
| | dettagliato 114 |
| 招待する→【2. 誘う・招く】44-54 参照 | |
| 　〔人を〕（～に）招待する | invitare *qlcu.*（a + 名詞）46, 50, 53, 92 |
| 上達する | fare progressi 35 |
| 承認 | conferma 女 83 |
| 商品 | prodotto 男 134 |
| | merce 女 135 |
| 招聘 | invito 男 99, 100 |
| 賞をとる | vincere（un concorso）52 |
| 職を得る | trovare un posto 139 |
| 書類 | documento 男 130 |
| 知らせる→【本文の書き方】17-19 参照 | |
| 　　　　→【1. 近況を尋ねる・報告する】32-42 参照 | |
| 　お知らせします→【本文の書き方】22 参照 | |
| 調べる | informarsi 85 |
| （…と）信じている | essere sicuro che... 162 |
| 心配 | |
| 　（～のことを）心配している | essere preoccupato（per ～）156, 157, 159 |
| 　（～のことを）心配する | preoccuparsi per ～ 78, 155 |
| 　〔人に〕心配をかける | fare preoccupare a *qlcu.* 69, 155 |
| 　「ご心配なく」 | Vi prego di non preoccuparVi. 109 |

す
| | |
|---|---|
| すぐに | immediatamente 69 |
| | subito dopo 74 |
| （～したら）すぐに→（～し）次第 | |
| （旅行の）スケジュール | itinerario 男 74 |
| 過ごす | trascorrere 119, 139 |
| 過ごす→滞在する | |
| 〔人に〕（～を）勧める | consigliare *qlco.* a *qlcu.* 39, 88, 168 |
| すっかり | completamente 35 |
| （～）するのはどうですか？→【本文の書き方】25 参照 | |
| （…）する方がよい→（…するのが）いい | |

## せ

|  |  |
|---|---|
| 〔人に〕成功を祈る | augurare successo a *qlcu.* 162 |
| 絶対に →ぜひ | |
| ぜひ | assolutamente 92, 113 |
| 説明 | spiegazione 女 64, 135 |
| （事情の）説明 | chiarimento 男 132 |
| 〔人に〕（〜を）説明する | spiegare *qlco.* a *qlcu.* 62, 93, 121 |
| 世話になる（＝お世話になる） | |
| 「お世話になりました」→【3. 感謝の気持ちを伝える】58-66 参照 | |
| 先日 | qualche giorno fa 45 |
| 先週 | la settimana scorsa 35 |
| 宣伝する | fare pubblicità 149 |

## そ

| | |
|---|---|
| 送信 | invio 男 41 |
| 相談する→【5. 依頼する・相談する】80-90 参照 | |
| そうでなければ | in caso contrario 72 |
| | altrimenti 114 |
| 送料 | spese postali 女 複 136 |
| 即時の | immediato 133 |
| そこで | per questo 87 |
| | pertanto 111 |
| その後 | in seguito 122 |
| それに… | oltre al fatto che... 82 |

## た

| | |
|---|---|
| 退院する | lasciare l'ospedale 162 |
| 滞在 | soggiorno 男 44, 51 |
| | permanenza 女 112 |
| 滞在する | rimanere 138 |
| | fermarsi 35 |
| 大丈夫だ | andare bene 94 |
| （時間が）大丈夫だ | va bene l'orario 95 |
| だいたいにおいては | nel complesso 166 |
| （〜に）耐える | sopportare 〜 150 |
| 経つ | passare 76 |
| 楽しい | piacevole 112 |
| 楽しく過ごす | divertirsi 58 |

| | |
|---|---|
| 「楽しみにしています」 | non vedo l'ora di + 動詞の原形 /che... *45, 47, 168* |
| (〜を) 楽しみにしつつ → 【本文の書き方】*27* 参照 | |
| 頼む→【5. 依頼する・相談する】*80-90* 参照 | |
| 〔人に〕(…するよう) 頼む | chiedere a *qlcu.* di + 動詞の原形 *78, 92* |
| 誰か (他の) | qualche altro *109* |
| (〜) だろう→ (〜の) ようだ | |
| 誕生 | nascita 女 *147* |
| 　誕生日 | compleanno 男 *93, 143, 150* |
| 　誕生日パーティー | festa di compleanno 女 *54* |
| 担当者 | responsabile 男 女 *74* |

**ち**

| | |
|---|---|
| チェックする | correggere *80* |
| 近いうちに | presto *101, 155* |
| (〜の) 近くの | vicino a 〜 *94, 95* |
| 注文する | ordinare *134* |
| 弔辞 | condoglianze 女 複 *161* |
| 直接 | direttamente *66, 85, 95, 100, 111* |

**つ**

| | |
|---|---|
| (〜に) ついて | riguardo a 〜 *111* |
| ついては→つきましては | |
| ついに | finalmente *50, 139, 152* |
| (〜を) 通じて | tramite *qlco./qlcu. 130* |
| 使いやすい | essere facile da usare *167* |
| 使える | essere utilizzabile *40* |
| 付き合い | |
| 　親しい付き合いがある | avere ottimi rapporti *161* |
| 次の | prossimo *48, 73, 114* |
| つきましては (=ついては) | in considerazione di ciò *97* |
| | pertanto *101, 106* |
| 都合 | |
| 　都合が良い | andare bene *70* |
| | essere disponibile *44* |
| 　都合の良い日時 | disponibilità 女 *96, 97* |
| 　都合が悪くなる | avere un contrattempo *111* |
| (〜し) 続ける | continuare a + 動詞の原形 *142, 165* |
| (〜する) つもりだ (=〜しようと思う) | avere intenzione di + 動詞の原形 *120, 155* |

*181*

て
〔人に〕(〜を) 提供する　　　　　fornire *qlco.* a *qlcu.* 117
訂正する　　　　　　　　　　　correggere 80
適任である　　　　　　　　　　essere adatto a + 動詞の原形 98
(〜) できますか？→【本文の書き方】24 参照
(〜) できる　　　　　　　　　　riuscire a + 動詞の原形 32, 69, 109
　　　　　　　　　　　　　　　essere disposto a + 動詞の原形 84
　　　　　　　　　　　　　　　essere in grado di + 動詞の原形 104, 116
　　　　　　　　　　　　　　　essere possibile + 動詞の原形 116, 120
(〜) できるといいのですが→【本文の書き方】26 参照
できる限りのことをする　　　　　fare di tutto 157
できるだけ　　　　　　　　　　il più possibile 118
　できるだけ早く　　　　　　　per tempo 37
　　　　　　　　　　　　　　　al più presto 99, 134
　　　　　　　　　　　　　　　il più presto possibile 106
できれば　　　　　　　　　　　possibilmente　　108
(〜) ですが→ (にも) かかわらず
手続き　　　　　　　　　　　　pratica 女 73
(A) でなくBに (= AからBに)　　non più A ma B 131
出回っている　　　　　　　　　esserci in giro 168
手を貸す　　　　　　　　　　　dare una mano 153
転居　　　　　　　　　　　　　cambio di abitazione 男 46
　　　　　　　　　　　　　　　trasferimento 男 40
添付する　　　　　　　　　　　allegare 39, 46, 59, 80, 101, 123
　添付ファイル　　　　　　　　file allegato 男 105
　ファイルを添付する→【本文の書き方】19-20 参照
電話番号　　　　　　　　　　　numero di telefono 男 83

と
問い合わせ　　　　　　　　　　richiesta di informazioni 女 128
　　　　　　　　　　　　　　　richiesta informazioni 120
　問い合わせる→聞く
同時通訳する　　　　　　　　　tradurre simultaneamente 104
どうしても　　　　　　　　　　assolutamente 73
同席する　　　　　　　　　　　essere presente 144
「どうですか？」　　　　　　　Va bene? 95
「(〜するのは) どうですか」？→【本文の書き方】25 参照
〔人に〕同伴する　　　　　　　　accompagnare *qlcu.* 73, 111

|  |  |
|---|---|
| | venire〔andare〕insieme a *qlcu.* 108 |
| (〜に) 登録する | iscriversi a *qlco.* 116, 117 |
| (〜の) とおり | come 106 |
| ときどき (=ときには) | a volte 153, 166 |
| とくに | in particolare 85 |
| 「どちらでもいい」 | è lo stesso. 85 |
| 突然 | all'improvviso 82 |
| 　突然の | improvviso 87, 89 |
| 届く | arrivare 107 |
| とにかく | ad ogni modo 69 |
| | insomma 77 |
| (〜) とはいえ→(〜にも) かかわらず | |
| 泊める | ospitare 120 |
| ともかく | comunque 158 |
| トラブル | problema 男 69, 71 |
| (AとBを) 取り違える | scambiare A con B 134 |
| (写真を) 撮る | scattare (una foto) 59 |
| どんなことでも | qualsiasi cosa 160 |

## な

|  |  |
|---|---|
| 直す (=訂正する) | correggere 80 |
| 「(〜が) 懐かしいです」 | È sempre vivo il ricordo di 〜 63 |
| (〜に) なっても→(…という) 場合には | |
| 何か | qualcosa 54, 56, 85 |
| 　何かあれば… | Per qualsiasi evenienza... 95 |
| (〜) なのに→(〜にも) かかわらず | |
| なるべく早く→できるだけ早く | |
| (〜に) 慣れる | inserirsi bene in 〜 32 |

## に

|  |  |
|---|---|
| 日時 | il giorno e l'ora / giorno e ora 44 |
| | data 女 97 |
| 　日時を決める | mettersi d'accordo sulla data 58 |
| 入院する | ricoverarsi 73 |
| | essere ricoverato 156 |

## ね

|  |  |
|---|---|
| 〔人に〕(〜するよう) 願う | pregare *qlcu.* di + 動詞の原形 165 |

183

| | |
|---|---|
| （インター）ネット | Internet *69* |
| 　ネットに接続する | collegarsi a Internet *69* |
| 念のため | per sicurezza *42* |

## の

| | |
|---|---|
| 納期 | scadenza（per la consegna）[女] *78* |
| 残す（＝あと～を残す） | mancare solo ～ *110, 111* |
| 望む | |
| 　（～を）望みつつ→【本文の書き方】*27* 参照 | |
| 　（～を）望んでいます →【本文の書き方】*23-24* 参照 | |

## は

| | |
|---|---|
| （…という）場合には | nel caso in cui... *97, 98, 114* |
| 配慮する（＝心遣いを示す） | dimostrare disponibilità *112* |
| 　（～するよう）配慮する | stare attenti a ～ *131* |
| 励ます→【10. 励まし・お見舞い・お悔やみを伝える】*152-153, 162* 参照 | |
| 始まる | iniziare *121* |
| 初めて | per la prima volta *35* |
| 発表 | performance [女] *114* |
| （～から）離れている（＝距離がある） | distare da ～ *120* |
| 早めに→できるだけ早く | |

## ひ

| | |
|---|---|
| 被害を受ける | subire（dei）danni *157, 162* |
| 引き受ける | accettare *105* |
| 久しぶり →【本文の書き方】*24* 参照 | |
| 　　　　　→【1. 近況を尋ねる・報告する】*32-38, 42* 参照 | |
| 　久しぶりに | dopo tanto tempo *50* |
| 必要 | |
| 　（～する）必要がある | essere necessario ＋[動詞の原形] *104* |
| 　（～が）必要である | avere bisogno（di ～）*75, 157, 158* |
| 　（～に）必要な | necessario a ～ *101* |
| 日にち→日時 | |

## ふ

| | |
|---|---|
| ファイル | file [男] *60, 71* |
| 　ファイルをつくる | creare un file *80* |
| 　ファイルを添付する→【本文の書き方】*19-20* 参照 | |

| | | |
|---|---|---|
| ファンサイト | sito per fan | *164* |
| 〔人の〕ファンである | essere un tifoso di *qlcu.* | *164* |
| 不具合 | mal funzionamento | *107* |
| 含む | comprendere | *117* |
| (〜を) 含めて | compreso 〜 | *85* |
| 無事である | stare bene | *158* |
| 再び →もう一度 | | |
| 負担する | addebitare | *136* |
| 不都合 | inconveniente 男 | *132* |
| 赴任する | recarsi | *42* |
| 不便 | contrattempo 男 | *111* |
| プロジェクタ | lavagna luminosa 女 | *114* |

へ

| | | |
|---|---|---|
| 返金 | rimborso 男 | *135* |
| 変更 | cambiamento 男 | *109, 111, 131* |
| | cambio 男 | *121* |
| 　変更する | cambiare | *40, 121* |
| 　(アドレス登録の) 変更をする | sostituire | *40* |
| 　変更できない | improrogabile | *48* |
| 返事 | risposta 女 | |
| 　〔人に〕返事をする | rispondere a *qlcu.* | *68, 118* |
| 　返事を待つ→【本文の書き方】*17-19* 参照 | | |
| 返品 | restituzione di merce 女 | *134* |

ほ

報告する → 【1. 近況を尋ねる・報告する】*32-42* 参照

| | | |
|---|---|---|
| 法的措置をとる | procedere per vie legali | *133* |
| ホームステイさせる | ospitare | *119* |
| (〜を) 誇らしく思う | essere orgoglioso di 〜 | *149* |
| (〜を) 誇りに思う | essere fiero di 〜 | *150* |
| ホストファミリー | famiglia ospitante 女 | *126* |
| (〜を) 誉める | complimentarsi con *qlcu.* | *148* |
| 本当に | proprio | *37, 46, 94* |
| | veramente | *58, 59, 73, 84, 150, 165* |
| | immensamente | *77, 78* |

ま
(〜する) 前　　　　　　　　　　　　prima di 〜　74
前の (＝古い)　　　　　　　　　　　vecchio　40
前もって　　　　　　　　　　　　　previamente　104
　　　　　　　　　　　　　　　　　anticipatamente　116
　　　　　　　　　　　　　　　　　in anticipo　92

〔人に〕任せる　　　　　　　　　　　lasciare la scelta a *qlcu.*　36
巻き込まれる　　　　　　　　　　　essere coinvolto　159
まことに　　　　　　　　　　　　　vivamente　112
まず　　　　　　　　　　　　　　　per prima cosa　110
ますます　　　　　　　　　　　　　ancora più + 形容詞　93
またの→次の
待ち合わせする　　　　　　　　　　incontrarsi　45
(…であるのは) 間違いない　　　　　 essere sicuro che...　138
間違いなく　　　　　　　　　　　　senz'altro　37
待つ　　　　　　　　　　　　　　　aspettare, attendere
　(〜するのを) 待つ　　　　　　　　aspettare di + 動詞の原形　106
まったく　　　　　　　　　　　　　assolutamente　105
(〜) までに　　　　　　　　　　　　entro 〜　80, 96, 106
　　　　　　　　　　　　　　　　　prima di 〜　98
まとめる　　　　　　　　　　　　　sintetizzare　168
間に合うように (＝期日までに)　　　in tempo　114
招く → 【2. 誘う・招く】43-54 参照
(AとBで) 迷っている　　　　　　　essere indeciso (fra A e B)　90

み
〔人に〕(〜を) 見せる　　　　　　　 fare vedere *qlco.* a *qlcu.*　76
未払い　　　　　　　　　　　　　　mancato pagamento 男　132
(サイト、ファイルなどを) 見る　　　visionare　105, 117

む
迎えに行く　　　　　　　　　　　　venire 〔andare〕 a prendere　95, 111
無視する　　　　　　　　　　　　　ignorare　133
無理しないで　　　　　　　　　　　non stancarsi troppo　156

め
名誉である　　　　　　　　　　　　essere un onore　65
迷惑　　　　　　　　　　　　　　　inconveniente 男　107

| 〔人に〕迷惑をかける | disturbare *qlcu.* 71, 146 |
| | creare problemi a *qlcu.* 119 |
| メール | email 囡 |
| | posta elettronica 囡 |
| 　前のメール（＝いただいたメール） | precedente email 囡 129 |
| 　メールアドレス | indirizzo di posta elettronica 男 40, 126 |
| | indirizzo email 男 85, 89, 100 |
| 　メールアドレスを教える | dare l'indirizzo email 85, 89 |
| 　メールチェックする | controllare la posta elettronica 154 |
| 　メールで | via email 83 |
| （〜に）面する | dare su 〜 129 |
| 面倒なこと | disturbo 男 83 |

も
| （A）も（B）も | sia A sia B 121 |
| もう一度（＝再び） | nuovamente 90, 112, 118 |
| 申し込み | domanda d'iscrizione 囡 83 |
| | richiesta 囡 123 |
| 申し訳ありません →【本文の書き方】25-26 参照 | |
| 　　　　　　 →【4. 詫びる】68-78 参照 | |
| 　申し訳ありませんが →【本文の書き方】21 参照 | |
| もし | |
| 　もし可能なら | se è possibile + 動詞の原形 108, 121 |
| 　もし（あなたが）よければ | se per te ve bene... 45 |
| | se te la senti 153 |
| 文字化け | caratteri incomprensibili 男 複 90 |
| もちろん | naturalmente 35, 82, 108 |
| もてなし | ospitalità 囡 62 |
| 問題ない | non esserci problemi 105 |

や
| 休む | riposarsi 78 |
| やっと→ようやく | |
| やはり（＝やっぱり） | ugualmente 159 |

ゆ
| 有意義である | essere utile 66 |
| 郵送料 | spese postali 囡 複 134 |

| | |
|---|---|
| 〔人を〕許す | perdonare qlcu. *74, 77* |

**よ**

| | |
|---|---|
| 用意する | procurare *87* |
| 様子 | |
|  様子を尋ねる→【本文の書き方】*16* 参照 | |
|  「様子を知らせて」 | Dammi tue notizie. *159* |
| | Scrivimi presto. *38* |
| (…の) ようだ | pare (che) + 接続法 *100, 107, 159* |
| (〜の) ように | come *39* |
| 要望・要求 | esigenza 女 *95* |
| | richiesta 女 *133* |
| ようやく (＝やっと) | finalmente *77, 150* |
| 「よかった」 | Sono contento per te. *150* |
| 翌日 | giorno successivo 男 *108* |
| (病気が) 良くなる→回復する | |
| 予定→【6. 予定・企画を調整する】*92-114* 参照 | |
|  (〜する) 予定がある | avere in programma di + 動詞の原形 *98* |
| 予約 | prenotazione 女 *129* |
|  予約する | prenotare *111* |
|  予約する→【予約する・クレームする】*128-131, 136* 参照 | |
| 余裕をもって | con anticipo *72* |
| 〔人に〕喜ばれる | rendere felice qlcu. *86* |
| 喜ぶ | essere felice *49* |
| (〜を) 喜ぶ、喜んで〜する | essere felice di + 動詞の原形 / 名詞 *85, 109* |
| よろしく | |
|  よろしく言う→【本文の書き方】*27* 参照 | |
|  よろしくお願いいたします→【5. 依頼する・相談する】*80-90* 参照 | |
| | Le invio i miei piu cordiali saluti. *37* |
| | Cordialmente Suo. *72* |

**ら**

| | |
|---|---|
| 来月 | il mese prossimo *36, 84* |
| 来週 | la prossima settimana *155, 165* |
| 来週中 | entro la prossima settimana *80* |

**り**

| | |
|---|---|
| 理解 | |

| | |
|---|---|
| 「ご理解ください」(＝ご辛抱ください) | vi prego di avere pazienza. *119* |
| リクエスト→要望・要求 | |
| 履修する | frequentare *116, 117* |
| 略歴 | breve curriculum vitae 男 *105, 106* |
| 留学(＝外国留学) | studio all'estero 男 *119* |
| 　留学する→【7. 留学・研修の準備をする】*116-121, 126* 参照 | |
| 　留学中 | durante il soggiorno di studi *141* |
| (〜を) 了解する | concordare *106* |
| (〜を) 利用する | usufruire di 〜 *129* |
| リラックスする | rilassarsi *152* |
| 履歴書→ *124* 参照 | |

## る

| | |
|---|---|
| 〔人と〕ルームシェアする | abitare con *qlcu.* *118* |
| 留守にする | essere fuori *69* |

## れ

| | |
|---|---|
| (〜に) 列席する (＝出席する) | partecipare a 〜 *50* |
| レベル | livello 男 *116* |
| 連絡 | |
| 　連絡を待つ→【本文の書き方】*17-19* 参照 | |
| 　連絡をする | farsi sentire *42* |
| 　〔人と〕連絡をとる | contattare *qlcu.* *32, 100* |
| | comunicare con *qlcu.* *85* |
| | mettersi in contatto con *qlcu.* *66, 74, 89, 100, 106, 160* |
| 　ご連絡します (＝お知らせします)→【本文の書き方】*22* 参照 | |
| 　連絡をとり合う | sentirsi *32* |
| 　連絡先を伝える→【本文の書き方】*19* 参照 | |

## わ

| | |
|---|---|
| わかる→気づく | |
| 忘れる (→失念する) | dimenticarsi di ＋ 動詞の原形 / 名詞 *118, 141* |
| 渡す | consegnare *104* |
| 詫びる→【4. 詫びる】*68-78* 参照 | |

# Postfazione

Dopo un intenso ma gratificante lavoro, siamo finalmente riusciti a terminare la presente opera, che illustra i principi fondamentali per la composizione delle email in italiano. La struttura del libro è molto semplice: a una prima parte dedicata alle regole necessarie per la creazione di una buona email in italiano, ne segue una seconda che presenta differenti modelli di email, suddivisi in 11 capitoli in base all'argomento. La versione italiana di ogni email è seguita dalla traduzione in giapponese e da alcune note che spiegano l'utilizzo dei termini e la relativa grammatica. Gli argomenti scelti per la suddivisione dei capitoli e per la stesura delle email sono quelli da noi ritenuti più utili a un giapponese che studia l'italiano e che vuole scrivere un'email in questa lingua.

La scrittura delle email segue sostanzialmente le regole per la stesura delle lettere, ma nello stesso tempo presenta alcune differenze che non possono essere ignorate. Tra queste troviamo la semplicità e la concisione. Quando si scrive un'email, è fondamentale che questa sia chiara e per niente prolissa, e che il suo oggetto sia conciso ma al contempo esplicativo. Durante la sua stesura si dovrebbero evitare i formalismi tipici della corrispondenza epistolare ed è consigliabile scegliere un linguaggio adatto al destinatario. La scelta del tono da usare nelle email non è semplice e la difficoltà aumenta man mano che il grado di confidenza esistente con il destinatario diventa più formale. Per questo motivo, abbiamo cercato di inserire email dal registro linguistico più disparato nella speranza che ciò possa aiutare i nostri lettori, fornendo loro spunti preziosi. Desideriamo inoltre ricordare l'importanza della revisione finale di quanto scritto: non inviate mai la vostra email senza averla riletta almeno una volta.

Ci auguriamo, infine, che questo libro contribuisca a una maggiore divulgazione dell'italiano in Giappone e nel mondo.

Kyoto, febbraio 2012<br>
Anna Ruggeri Takeshita<br>
Ritsuko Doura

著者略歴

竹下 ルッジェリ・アンナ（Anna Ruggeri Takeshita）
京都外国語大学外国語学部イタリア語学科准教授。専門は宗教哲学、比較宗教。著訳書：芦名定道編著『比較宗教学への招待――東アジアの視点から』（共著／晃洋書房）、ジャンルイージ・ヌッツィ『バチカン株式会社』（監訳／柏書房）。

堂浦 律子（どううら りつこ）
京都外国語大学ほか講師。専門はイタリア語教育。著書：『イタリア語文法徹底マスター』（駿河台出版社）。

---

Eメールのイタリア語

2012年4月5日　第1刷発行
2013年3月20日　第2刷発行

著　者 © 竹下 ルッジェリ・アンナ
　　　　堂　浦　律　子
発行者　及　川　直　志
印刷所　株式会社精興社

発行所　〒101-0052 東京都千代田区神田小川町3の24
　　　　電話 03-3291-7811（営業部），7821（編集部）　株式会社白水社
　　　　http://www.hakusuisha.co.jp
　　　　乱丁・落丁本は送料小社負担にてお取り替えいたします。

振替　00190-5-33228　　　　Printed in Japan　　　加瀬製本

ISBN978-4-560-08590-5

▷本書のスキャン、デジタル化等の無断複製は著作権法上での例外を除き禁じられています。本書を代行業者等の第三者に依頼してスキャンやデジタル化することはたとえ個人や家庭内での利用であっても著作権法上認められていません。

## イタリア語学習辞典の決定版！

# プリーモ伊和辞典
### 和伊付

秋山余思［監修］
高田和文／他［編］

◎見やすいランク別2色刷 ◎全見出しカナ発音付 ◎充実した和伊語彙集（50音順＋ジャンル別）
《語数》伊和33000＋和伊8000
《発音表記》カタカナ＋発音記号（重要語）
（2色刷）B6変型　1487頁【シングルCD付】

---

## 自然な日本語を伝わるイタリア語へ

# 日本語から考える！
# イタリア語の表現

大上順一／山田敏弘［著］

イタリア語のプロと日本語のプロが力を合わせた画期的な一冊．文法だけではわからない日本語との発想の違いを楽しみながら、日本語の自然な表現をイタリア語にしていく過程を伝授します．　　　四六判　165頁

---

## イタリア語を極めたい人の一冊

# 現代イタリア文法
### （新装版）

坂本鉄男［著］

日本でもっとも詳しいイタリア語の文法書．語学の学習は疑問の連続．そのさまざまな疑問の解消にこの本は役立ちます．イタリア語を極めたい人のための一冊．索引も充実．
A5判　420頁